Speak Japanese!

尊敬語から美化語まで
外国人のための
日本語敬語の
使い方

85 Basic Expressions of
Japanese honorifics
for Quick and Easy use

基本表現 **85**

清ルミ 著
Sei Rumi

Jリサーチ出版

　つい先日、2人の外国人が同じ会社の面接を受けました。1人は日本での滞在年数が長く、日本語がとても流ちょうです。ただ、あらたまった場での敬語はあまり使い慣れていない人でした。もう1人はまだ来日して日が浅く、日本語にたどたどしさがあります。それでも、はじめから敬語をよく勉強したので、丁寧に話します。2人も同じくらいに好感度が高く、とても優秀なのですが、面接で敬語を一生懸命使った後者の人が採用されました。

　日本語の敬語は難しいと言われています。私は大学で日本人学生を教えていますが、日本人であっても敬語を正確に使える学生はあまりいません。それだけに、外国人で敬語がうまく使えたら、それだけで、人から尊敬の眼差しで見られることは間違いありません。

　本書では、パート1で、丁寧な言葉づかい、自分をへりくだる表現、相手に対する敬意を高める表現に分け、よく使われる会話例を挙げました。パート2の実践編では、より具体的に、さらにこなれた敬語とその実践例を挙げました。

　ぜひ会話例を何度も口に出し、自分のものにしてください。きっと明るい未来が待っています。

清ルミ

Just the other day, two non-Japanese people interviewed for the same job. One had lived in Japan for a long time and was very fluent in Japanese. However, he was not very used to speaking in keigo in formal situations. The other had not lived in Japan for long and spoke clumsily at times. Still, she had studied keigo well from the beginning of her studies and could speak politely. The two were similarly pleasant and both very talented, but ultimately the latter, who tried her hardest to speak in keigo during the interview, was hired.

It is said that respectful language is a difficult part of Japanese. I teach Japanese students at university, and even among these Japanese people, not many can use keigo correctly. As a result, a non-Japanese person using keigo well will surely lead to all the more respect being given to them.

Part 1 of this book is split into sections on polite word choice, expressions that lower oneself, and expressions that increase the respect paid to someone, each section containing example conversations. Part 2, the practical use section, contains more specific and elegant keigo and its practical uses.

I hope that you repeat these example conversations many times and make them your own. If you do, a bright future surely awaits you.

Rumi Sei

目次 Table of Contents
もくじ

本書の使い方 How to Use This Book

学習ターゲットとなる表現です。
These are the expressions you will be learning.

§2 **尊敬語** Honorific Language　　(1) 特定のことば Special Words

(21) **1** ▼「来る」の尊敬語　　Honorific language for "to come"

いらっしゃる①
Irassharu

To come

先生はこれからいらっしゃいます。
Sensē wa korekara irasshaimasu.
Sensei is coming later.

典型的な例文を1つ
紹介します。
One typical example
sentence is introduced.

基本的な意味や使い方を
説明します。
An explanation is given of
a term's basic meaning and
usage.

意味と使い方　目上の人の動作を表す表現で、「来ます」の尊敬語。
Honorific language for "coming," used as an expression that indicates the action of one's superior.

★「います」「行きます」の意味でも使われる。使われることが多いのは、「います」「来ます」「行きます」の順。
Also used to mean "is present" and "will go." Used most often to mean "present", followed by "to come" and "will go."

基本的な表現形式を
示します。
A term's basic form of
expression is indicated.

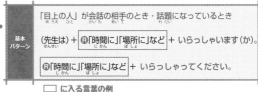

基本パターン　「目上の人」が会話の相手のとき・話題になっているとき

（先生は）＋ ⑧「時間に」「場所に」など ＋ いらっしゃいます（か）。

⑧「時間に」「場所に」など ＋ いらっしゃってください。

□ に入る言葉の例
いつ when、〜時に at ~ o'clock、
こちらに here、パーティーに the party

34

★ この本で使われている記号　Symbols used in this book

N＝ 名詞・名詞句 Noun, Noun phrase

V＝ 動詞・動詞句 Verb, Verb phrase

A＝ 形容詞・形容詞句 Adjective, Adjective phrase

R＝ 副詞・副詞句 Adverb, Adverb phrase

6

ふつうの言葉から敬語の表現にする練習をします。
Practice turning regular terms into keigo.

基礎編 Basic **PART 1**

例のように文を作ってみましょう。
練習　Let's try making a sentence as in the example.

§2
尊敬語
Honorific language

(例) 先生／午後／来る
　⇒　先生は午後、いらっしゃいます。

----

❶ 先生／今／来た
　⇒

----

❷ 皆さん、／タクシー／来る
　⇒

----

❸ 奥様／来ない／そうだ
　⇒

----

❹ では／明日の午後3時／来てください
　⇒

会話練習

1　係の人：こちらにいらっしゃったことはあり　　Receptionist: Have you
　　　　　　ますか。　　　　　　　　　　　　　　come here before?
　　　　　　　　　　　　　　　　　　　　　　　Lisa: No, this is my first time.
　　リ　サ：いいえ、初めてです。

　kakari-no-hito: Kochira ni irasshatta koto wa
　　arimasu ka?
　Risa: Īe, hajimete desu.

2　係の人：一度、見学にいらっしゃいませんか。　Receptionist: Would you like
　　リ　サ：いいんですか。じゃ、ぜひ、お願い　　a tour?
　　　　　　　　　　　　　　　　　　　　　　　Lisa: Is that okay? Then yes,
　　　　　　します。　　　　　　　　　　　　　please.

　Kakari-no-hito: Ichido, kengaku ni irasshaimasen
　　ka?
　Risa: Ī n desu ka? Ja, zehi, onegai-shimasu.

実際的な会話の例を紹介
します。付属の音声を参
考に練習しましょう。
Actual conversational ex-
amples are introduced. Use
the attached voiced conver-
sations as reference as you
practice.

35

★この本では、人と人の関係がわかりやすいように、よく出てくる人物の設
定をしています。

リサ＝大学院生　ルイス＝（日本の会社の）会社員

* There are individuals who frequently appear in this book in order to make it more
easy to understand the relationships between people/
　　Lisa: A graduate student　　　　　　Louis: An employee (at a Japanese company)

音声ダウンロードのご案内

STEP 1 商品ページにアクセス！
方法は次の３通り！

● QR コードを読み取ってアクセス。

● https://www.jresearch.co.jp/book/b587905.html を入力して
アクセス。

● Ｊリサーチ出版のホームページ（https://www.jresearch.co.jp/）
にアクセスして、「キーワード」に書籍名を入れて検索。

STEP 2 ページ内にある「音声ダウンロード」ボタンを
クリック！

STEP 3 ユーザー名「1001」、パスワード「25243」を
入力！

STEP 4 音声の利用方法は２通り！
学習スタイルに合わせた方法でお聴きください！

● 「音声ファイル一括ダウンロード」より、ファイルをダウンロードし
て聴く。

● 「▶」ボタンを押して、その場で再生して聴く。

※ ダウンロードした音声ファイルは、パソコン・スマートフォンなどでお聴きいただくことが
できます。一括ダウンロードの音声ファイルは .zip 形式で圧縮してあります。解凍してご
利用ください。ファイルの解凍がうまくできない場合は、直接の音声再生も可能です。

● 音声ダウンロードについてのお問合せ先 ●
toiawase@jresearch.co.jp

（受付時間：平日９時〜 18 時）

How to Download Voice Data

STEP 1 Visit the website for this product! This can be done in three ways.

- Scan this QR code to visit the page.

- Visit https://www.jresearch.co.jp/book/b587905.html.
- Visit J Research's website (https://www.jresearch.co.jp/), enter the title of the book in "Keyword," and search for it.

STEP 2 Click the " 音声ダウンロード "(Voice Data Download) button the page!

STEP 3 Enter the username "1001" and the password "25243"!

STEP 4 Use the voice data in two ways! Listen in the way that best matches your learning style!

- Download voice files using the "Download All Voice Files" link, then listen to them.
- Press the ▶ button to listen to the voice data on the spot.

* Downloaded voice files can be listened to on computers, smartphones, and so on. The download of all voice files is compressed in .zip format. Please extract the files from this archive before using them. If you are unable to extract the files properly, they can also be played directly.

For inquiries regarding voice file downloads, please contact
toiawase@jresearch.co.jp
(Business hours: 9 AM - 6 PM on weekdays)

ウチとソト

　「鬼はソト、福はウチ」。毎年2月の節分の日になると、大きな声でこう言いながら豆まきをする光景が日本中の家や神社、寺で見られます。「鬼」は不幸をもたらすものすべて、「福」は幸せを呼ぶものすべての象徴です。「ソト」とは、自分の心や体、自分の家や体、自分の家の中、自分が住んでいる場所や自分が属しているグループの中を指します。豆まきのこのフレーズには、自分と自分が所属する場所やグループに幸多かれと祈り、願う気持ちがよく表れています。

　節分の決まり文句にみられる「ウチ」と「ソト」は、実は、日本社会における人間関係を見極めるための重要なキーワードでもあります。敬語は、人間関係を良好にするために使うものですが、このウチとソトの関係を知らないと、適切に使うことができません。

　「ウチの学校」「ウチの会社」「ウチの店」などと、「ウチ」をつけた表現を日本人はよく使いますが、これは「私たちの」「私が所属する」ということをカジュアルに言い表したいときに使われます。「ウチ」の中の人間関係では、立場が下の人は立場が上の人に対して敬語を使って話します。例えば、部下の鈴木さんは社長の田中さんに「社長、A社には9時にいらっしゃいますか」のように尊敬語を使って話します。ところが、鈴木さんが田中社長のことをソトの人に向かって話す時には、「田中はA社に9時にまいります」のように、田中さんに「さん」をつけずに「田中」と表現し、「まいります」とへりくだる謙譲語を使って話します。これは、「ソト」の人に対しては、同じ「ウチ」の中の他人のことを自分や自分の家族のように扱うからです。

ソト（他のグループ）

ほかの会社・学校の人・親しくない人

ウチ（私のグループ）

わたし　わたしの家族・友達・同僚

いつ、どこで、だれに敬語を使うのか？

　ウチとソトとで同じ人に対する敬語表現が異なることが示すように、日本語の敬語は相対敬語と呼ばれています。話し手、聞き手、話題の人、という三者の関係と、誰に話すのかによって使う敬語が異なるのです。

　敬語を使うか使わないか、どの程度のレベルの敬語を使うのかを決めるファクターは次の3つです。

❶ 人間関係　上下関係（上司と部下、店長と従業員、年上と年下など）

　　　　　　社会的立場と役割（客と店員、教師と学生、招待客と主催者など）

　　　　　　親疎関係（親しいか初対面か、知り合って日が浅いか）

❷ 場　　　　改まった場かくだけた場か（式典か喫茶店か、会議の席か居酒

　　　　　　屋かなど）

❸ 意識　　　相手に対する気持ち（感謝や申し訳なさの度合い、利益を受け

　　　　　　るのはどちらか、など）

日本では、一般的に、年齢よりも社会的地位、立場を優先して敬語を使う傾向が強いです。また、❸の意識もどの程度のレベルの敬語を使うのかを決めるのに大きなウエイトを占めます。

　たとえば、電話するという行為が聞き手にメリットがある場合は「お電話差し上げます」と表現しますが、電話するということが話し手にメリットがある場合は、あたかも相手の許可を受けて電話するかのように「お電話させていただきます」と表現するのが適切です。聞き手にメリットがある場合でも、聞き手に対して丁寧度を高めたい場合は、「お電話させていただきます」と、あたかも話し手にメリットがあるかのような表現を使ったほうが、話し手の相手に対してへりくだる気持ちが深く伝わります。

　このように、敬語を使うときは、文法的に正確かどうかだけでなく、どういう相手にどういう気持ちで言うかを考えることが大切なのです。

Uchi and Soto

Oni wa soto, fuku wa uchi. "Demons out and fortune in." Every February on Setsubun you can see the sight of people yelling these words and throwing beans in homes, shrines, and temples across Japan. "Demons," or oni, in this case represent all that brings misfortune, while "fortune," or fuku, represents all that brings joy. "Out," or soto, indicates everything outside of one's heart, body, home, location, and groups. This phrase said when throwing beans is a prayer that strongly displays one's hopes for joy to come to oneself and the locations and groups to which one belongs.

These terms of uchi and soto seen in this Setsubun phrase are actually important key words in understanding relationships between people in Japanese society. Keigo may be used to improve such relationships, but it cannot be used appropriately without the knowledge of its relationship to uchi and soto.

Japanese people frequently use expressions that begin with "uchi" such as 「ウチの学校」,「ウチの会社」, and 「ウチの店」, but these are used to casually express that something is "ours" or "something I belong to." Inside that "uchi," those of a lower standing use keigo to speak to those of a higher standing. For example, Suzuki-san, a subordinate, may use respectful language to the company president Tanaka-san by saying,「社長、A社には9時にいらっしゃいますか」. However, when Suzuki-san speaks to those outside his company (soto) about President Tanaka, he would express his name simply as "Tanaka," without the suffix -san, such as by saying 「田中はA社に9時にまいります」, and also using the humble term of 「まいります」. This is because when speaking to people of an outside group, people of the same inside group will treat each other as they would themselves or their family.

Soto (outside group)
other companies / schools unfamiliar people

Uchi (inside group)

I   my family / friends

When, Where, and to Whom do You Use Keigo?

As illustrated by the fact that keigo expressions used for the same person can differ based on uchi and soto, honorific language in Japanese is known as "relative honorific" language. Keigo used will differ based on the relationship between the speaker, the listener, and the person being spoken about, as well as the person you are speaking to. The following three factors determine whether or not to use keigo, as well as the level of keigo to use.

1: Relationships: Hierarchy (boss and subordinate, store manager and store employee, older and younger person, etc.)
Social standing and role (customer and employee, teacher and student, guest and host, etc.)
Level of intimacy (close relationship or first time meeting, length of relationship)
2: Place: Formal situation or casual situation (ceremony or café, meeting or izakaya, etc.)
3: Intention: One's feelings toward the person being spoken to (level of gratitude or apology, who is profiting, etc.)

Generally speaking in Japan, keigo tends to be used based more on social position and standing than age. Also, intention as described in 3) is a large part of the level of keigo one uses.

For example, if making a phone call will benefit the person being spoken to, you would say 「お電話差し上げます」, but if you would benefit from the phone call, it is appropriate to express it in a way as though you are receiving permission to make such a call, 「お電話させていただきます」. Even if the person being spoken to benefits in a situation, if you want to show greater politeness to them, such feelings of humility will be better conveyed by using、「お電話させていただきます」 as though it is you who would benefit.

As you can see, not only is grammatical accuracy important when using keigo, but so is thinking about how to express oneself toward a certain individual.

PART1
基礎編
きそへん
Fundamentals

1 ▼ 名詞、形容詞などの丁寧語
めい し けいよう し ていねい ご

Polite language for nouns, adjectives, and more

お〜

O~

prefix

お国はどちらですか。
くに
O-kuni wa dochira desu ka?

What country are you from?

意味と
使い方

「ご〜」とともに、言葉使いを上品にするための語（＝美化語）の
ことば づか じょうひん び か ご
代表的なもの。名詞や形容詞の頭に付ける。
だいひょうてき めい し けいよう し あたま つ

A representative example of language used to make one's language more refined, along with 「ご〜」. Used at the beginning of nouns and adjectives.

基本
パターン

① お ＋ Ⓝ   ② お ＋ Ⓐ

▢ に入る言葉の例

① 名前 name、食事 food、荷物 baggage、休み rest
なまえ   しょく じ   に もつ   やす

② 忙しい busy、美しい beautiful、元気 energetic、ひま bored
いそが   うつく   げん き

例

1 こちらにお名前をお書きください。
なまえ   か
Kochira ni o-namae o o-kaki kudasai.

Please write your name here.

2 お忙しい中、ありがとうございます。
いそが なか
O-isogashī naka, arigatō gozaimasu.

Thank you for doing this while you are so busy.

3 電話で
でん わ
知人：熱があるので、今日は欠席します。
ち じん ねつ   きょう   けっせき
リサ：そうですか。どうぞ、お大事に。
だい じ

denwa de
chijin: Netsu ga aru node, kyō wa kesseki-shimasu.
Risa: Sō desu ka. Dōzo, o-daiji ni.

On the phone
Acquaintance: I have a fever, so I will not be attending today.
Lisa: Is that so. Please take care of yourself.

2 ▼ 名詞、形容詞などの丁寧語
めいし けいようし ていねいご

Polite language for nouns, adjectives, and more

ご〜

prefix

Go〜

. . . .

ご結婚、おめでとうございます。
けっこん

Go-kekkon, omedetō gozaimasu.

Congratulations on your marriage.

**意味と
使い方**

名詞や形容詞の頭に付けて、丁寧さを表す語。漢字の熟語で最初の字
めいし けいようし あたま つ ていねい あらわ ご かんじ じゅくご さいしょ じ
が音読みのものに使われる。
おん よ つか

A word placed at the beginning of a noun or an adjective to indicate politeness. Only used for kanji compound words which the first character is an onyomi character.

**基本
パターン**

① ご ＋ 　　　② ご ＋

☐ に入る言葉の例

()① 住所 address、 家族 family、 参加 participate、 予約 reservation,、
じゅうしょ　　　　かぞく　　　　さんか　　　　　　よやく

意見 opinion
いけん

()② 親切 kindness、 丁寧 politeness、 不安 anxiety
しんせつ　　　　ていねい　　　　ふあん

例

1 ご家族はどちらですか。
かぞく

Go-kazoku wa dochira desu ka?

Which is your family?

2 ご予約は早めにお願いします。
よやく はや ねが

Go-yoyaku wa hayame ni onegai-shimasu.

Please make early reservations.

---

3 道案内
みちあんない

通行人：すぐそこが入口です。
つうこうにん　　　　　　　いりぐち

リ　サ：ご親切にありがとうございます。
しんせつ

michi annai

tsūkōnin: Sugu soko ga iriguchi desu.

Risa:Go-shinsetsu ni arigatō gozaimasu.

Giving directions

Passerby: The entrance is right there.

Lisa: Thank you for your kindness.

17

3 ▼ 「あります」の丁寧語
ていねいご

Polite language for **"to be"**

ございます①
Gozaimasu

to be

・・

お色は3つございます。
いろ
O-iro wa mittsu gozaimasu.
There are three colors.

意味と
使い方

「あります」の丁寧な言い方。
ていねい い かた
A polite way of saying "to be."

基本
パターン

（Ｎは/が）＋ Ｎ 場所 に＋ ございます。
ばしょ

□ に入る言葉の例

♫ こちら here、〜階 ~ floor
かい

例

1 リサ：ほかの色はありますか。
いろ
店員：はい。赤と黒がございます。
てんいん あか くろ
Risa: Hoka no iro wa arimasu ka?
ten'in: Hai. Aka to kuro ga gozaimasu.

Lisa: Do you have any other colors?
Employee. Yes. We have red and black.

---

2 リサ：この中に本屋はありますか。
なか ほんや
案内：はい。5階にございます。
あんない かい
Risa: Kono naka ni hon'ya wa arimasu ka?
annai: Hai. 5-kai ni gozaimasu.

Lisa: Is there a bookstore in this building?
Guide: Yes. There is one on the fifth floor.

---

4 ▼「〜です」の丁寧語
ていねい ご

Polite language for **"to be"**

〜でございます

is ~

~ de gozaimasu

本日から３日間でございます。
ほんじつ　　　か かん
Honjitsu kara mikkakan de gozaimasu.

It is three days starting from today.

意味と
使い方

「〜です」の丁寧な言い方。
　　　ていねい　い　かた
A polite way to say "is ~."

| 基本パターン | （**N**は/が）＋ | **N** | でございます。 |

◻ に入る言葉の例

↻ こちら here、私 I、以上 more than、さよう yes
　　　　わたくし　　い じょう

例

1 リサ：Ｓサイズはありますか。

店員：こちらでございます。
てんいん

Risa: Esu saizu wa arimasu ka?
ten'in: Kochira de gozaimasu.

Lisa: Do you have this in size S?
Employee: It is over here.

---

2 リサ　：まだ席はありますか。
　　　　　　　せき

係の人：申し訳ございません。ただ今、
かかり ひと　もう わけ　　　　　　　　　いま
　　　　満席でございます。
　　　　まんせき

Risa: Mada seki wa arimasu ka?
kakari no hito: Mōshiwake gozaimasen.
*　　　　Tada ima, manseki de gozaimasu.*

Lisa: Are there still seats?
Receptionist: I am sorry, but all seats are currently full.

---

5 ▼「これ」「こっち」の丁寧語 Polite language for "**this**" or "**here**"
ていねいご

こちら
here

Kochira

・・

こちらにお願いします。
ねが
Kochira ni o-negai-shimasu.
Here, please.

意味と 使い方「これ」「こっち」の丁寧な言い方。同様に「あちら」「そちら」がある。
ていねい い かた どうよう
A polite way of saying "this" or "here." Similarly,「あちら」and「そちら」also exist.

基本 パターン (**N**は) + **こちら** + です/でございます/になります。

例

1 こちらは新商品です。
しんしょうひん
Kochira wa shin-shōhin desu.

This is a new product.

---

2 電話で
でんわ
こちらは ABC 広告の田中と申します。
こうこく たなか もう
denwa de
Kochira wa ēbīshī kōkoku no Tanaka to mōshimasu.

On the phone
This is Tanaka from ABC advertising.

---

3 ルイス：予約していたルイスです。
よやく
店　員：ルイス様ですね。こちらにどうぞ。
てん いん さま
Ruisu: Yoyaku-shite ita Ruisu desu.
ten'in: Ruisu-sama desu ne. Kochira ni dōzo.

Louis: I'm Louis. I made a reservation.
Employee: Mister Louis? This way, please.

🎧 ⑦ **6** ▼「いい」「OK だ」の丁寧語 Polite language for "good; okay"
　　　　　　ていねいご

よろしい　　　　　good
Yoroshī

・・

1 つでよろしいですか。

Hitotsu de yoroshī desu ka?

Are you sure you want one?

**意味と
使い方**　選択の判断や評価を表す語で、「適当だ、好ましい」という意味の「い
　　　　せんたく　はんだん　ひょうか　あらわ　ご　　てきとう　この　　　　　いみ
　　　　い」の丁寧な言い方。
　　　　　ていねい　い　かた

A polite way of saying "good" in the sense of "appropriate" or "favorable" when evaluating or judging a choice.

| **基本
パターン** | 何が、いつが、
なに
どこが、どれが | + よろしいですか / でしょうか。 |

例

1 具体的なものを見せて　　　　Showing something specific
　　ぐたいてき　　み　　　　　　Is this good?
これでよろしいですか。

gutaiteki na mono o misete
Kore de yoroshī desu ka?

---

2 ルイス：今、ちょっとよろしいでしょうか。　Louis: Do you have a
　　　　　いま　　　　　　　　　　　　　　　　　　moment?
　部　長：いいですよ。なんですか。　　　　Manager: Sure. What is it?
　ぶ　ちょう

Ruisu: Ima, chotto yoroshī deshō ka?
buchō: Ī desu yo. Nan desu ka?

---

3 リサ：飲み物は何がよろしいですか。　Lisa: What would you like to
　　　　の　もの　なに　　　　　　　　　　　drink?
　先生：何でもいいですよ。　　　　　　Sensei: Anything is good.
　せんせい　なん

Risa: Nomimono wa nani ga yoroshī desu ka?
sensē: Nandemo ī desu yo.

---

7 ▼ 「いい」「OK だ」の丁寧語 Polite language for "**good; okay**"
ていねい ご

結構だ ① fine; good
けっ こう
Kekkō da

シンプルなデザインで結構です。
けっこう
Shinpuru na dezain de kekkō desu.

A simple design is fine.

意味と
使い方

不足がないか問われたときに、「それでいい、OK だ、問題ない」と
ふ そく   と   もんだい
いう意味を表す丁寧な言葉。
い み あらわ ていねい こと ば

A polite word used to indicate that "it is fine; it is okay; there are no problems" when asked if anything is lacking.

基本 パターン	①	で + 結構です。	② Ⓐて + 結構です。

☐ に入る言葉の例

♪ ① これ this、ここ here、1つ one、明日 tomorrow
あした

♪ ② 冷たくて cold、小さくて small
つめ   ちい

例

1 飲み物は少なくて結構です。
の もの すく   けっこう
Nomimono wa sukunakute kekkō desu.

I am okay with a small amount of drink.

2 急がないので、明日で結構です。
いそ   あした けっこう
Isoganai node, ashita de kekkō desu.

I am not in a hurry, so tomorrow is fine.

3 店　員：サイズは M だけになりますが…。
てん いん
　ルイス：はい、結構です。
けっこう
ten'in: Saizu wa emu dake ni narimasu ga…
Ruisu: Hai, kekkō desu.

Employee: We only have this in size M...

Louis: Yes, that is fine.

丁寧語・美化語　Polite and Refined Language

🎧 **9**

8 ▼ 「要らない」の丁寧語
いらない　ていねいご

Polite language for "**unneeded**"

結構だ ②
けっこう
Kekkō da

unneeded; no thank you

デザートは結構です。
けっこう
Dezāto wa kekkō desu.

I do not need dessert.

意味と
使い方

何かを勧められたときに答える表現で、「必要ない」という意味を表す。
なに　　すす　　　　　　　　　　こた　ひょうげん　　ひつよう　　　　　　　　　　　　　　　　い　み　あらわ
A term used to express that something is unneeded when replying to a recommendation.

基本パターン	疑問文 ぎ もんぶん	―	（私は）＋ 結構です。 わたし　　　　けっこう

□ に入る言葉の例

〰️ 〜はどうですか how about ~ 、〜はいかがですか how would you like ~ 、

〜ませんか won't you~

例

1 店員：ポテトはいかがですか。
てんいん

　リサ：結構です。
　　　　けっこう

ten'in: Poteto wa ikaga desu ka?
Risa: Kekkō desu.

Employee: Would you like fries with that?
Lisa: No thank you.

2 知人：お昼を食べに行きませんか。
ちじん　　ひる　た　　い

　リサ：私は結構です。お弁当を持ってきたので。
　　　　わたし　けっこう　　　べんとう　も

chijin: O-hiru o tabe ni ikimasen ka?
Risa: Watashi wa kekkō desu. O-bentō o motte kita node.

Acquaintance: Would you like to go eat lunch?
Lisa: I'm fine. I brought a lunch.

---

9 ▼「〜です」の丁寧語
ていねいご

Polite language for "**to be**"

〜になります
~ni narimasu

to be

こちらが飲み物のメニューになります。
の　もの

Kochira ga nomimono no menyū ni narimasu.

This is the drink menu.

意味と
使い方

「〜です」の丁寧な言い方。
ていねい　い　かた

A polite way of saying "is ~."

基本
パターン

（Nは/が）＋　N　になります。

□ に入る言葉の例

() こちら here、〜円 ~ yen、メニュー menu、レシート receipt
えん

例

1 お待たせしました。こちらがＡセットになります。
ま

O-matase-shimashita. Kochira ga ē-setto ni narimasu.

Thank you for waiting.
This is the A set.

2 レジで

お会計、850円になります。
かいけい　　　　　えん

reji de

O-kaikē, happyaku gojyū en ni narimasu.

At the cash register
Your total is 850 yen.

3 リサ：お店は何時までですか。
みせ　なんじ

店員：9時閉店になります。
てんいん　じ　へいてん

Risa: o-mise wa nan-ji made desu ka?

ten'in: Ku-ji hēten ni narimasu.

Lisa: When is this store open until?
Employee: We close at 9 o'clock.

10 ▼「どう」の丁寧語
<ruby>丁寧語<rt>ていねいご</rt></ruby>

いかが
Ikaga

how

・・・

お味はいかがでしょうか。
<ruby>味<rt>あじ</rt></ruby>
O-aji wa ikaga deshō ka?

Is the taste to your liking?

意味と使い方

ものの状態や様子、または感想や意見などを問う意味や、
<ruby>状態<rt>じょうたい</rt></ruby><ruby>様子<rt>ようす</rt></ruby><ruby>感想<rt>かんそう</rt></ruby><ruby>意見<rt>いけん</rt></ruby><ruby>問<rt>と</rt></ruby><ruby>意味<rt>いみ</rt></ruby>
勧誘や提案を表す「どう」の丁寧な言い方。
<ruby>勧誘<rt>かんゆう</rt></ruby><ruby>提案<rt>ていあん</rt></ruby><ruby>表<rt>あらわ</rt></ruby><ruby>丁寧<rt>ていねい</rt></ruby><ruby>言<rt>い</rt></ruby><ruby>方<rt>かた</rt></ruby>

A polite way to say "how" when asking for the state or appearance of something, or for an impression or opinion, or to indicate an invitation or proposal.

基本パターン　① **Ⓝ** は ＋ いかが ＋ ですか　② いかが ＋ **Ⓥ**

☐ に入る言葉の例

① 状態 condition、具合 state、味 taste、サイズ size
<ruby>状態<rt>じょうたい</rt></ruby><ruby>具合<rt>ぐあい</rt></ruby><ruby>味<rt>あじ</rt></ruby>

② なさいます is、思われます thought to be
<ruby>思<rt>おも</rt></ruby>

例

1 お飲み物はいかがですか。
<ruby>飲<rt>の</rt></ruby><ruby>物<rt>もの</rt></ruby>
O-nomimono wa ikaga desu ka?

Would you like something to drink?

---

2 京都はいかがでしたか。
<ruby>京都<rt>きょうと</rt></ruby>
Kyōto wa ikaga deshita ka?

How was Kyoto?

---

3 店員：ラッピングはいかがなさいますか。
<ruby>店員<rt>てんいん</rt></ruby>
リサ：お願いします。
<ruby>願<rt>ねが</rt></ruby>

ten'in: Rappingu wa ikaga nasaimasu ka?
Risa: O-negai-shimasu.

Employee: Would you like this to be wrapped?
Lisa: Yes, please.

(12) **11** ▼「わたし」の丁寧語　　　　　　　　　　Polite language for "I"
ていねいご

わたくし
Watakushi

I

わたくしが担当のルイスです。
たんとう
Watakushi ga tantō no Ruisu desu.
I am Louis, the person in charge.

意味と 「わたし」の丁寧な言い方。
使い方 ていねい　い　かた
A polite way of saying "I."

基本 パターン	わたくしは / が ＋ Ⓥ

□ に入る言葉の例

🔘 〜いたします do ~ 、〜させていただきます do ~

例

1 わたくしがご案内します。　　　　　　　I will guide you.
　　あんない
Watakushi ga go-annai-shimasu.

2 わたくしも大変興味があります。　　　　I am also very
　　　たいへんきょうみ　　　　　　　　　　interested.
Watakushi mo taihen kyōmi ga arimasu.

3 電話で　　　　　　　　　　　　　　**On the phone**
　　でんわ　　　　　　　　　　　　　　　Customer: Is Louis-
　　　客 ：ルイスさんという方はいらっしゃいますか。　san there?
　　きゃく　　　　　　　　　　　　かた　　Louis: I am Louis.
　　ルイス：わたくしがルイスです。

denwa de
kyaku: Ruisu-san to iu kata wa irasshaimasu ka?
Ruisu: Watakushi ga Ruisu desu.

12 ▼「今日」の丁寧語

Polite language for "**today**"

§1

丁寧語・美化語 Polite and Refined Language

本日
ほんじつ
Honjitsu

today

本日はご来場ありがとうございます。
ほんじつ　　　　らいじょう
Honjitsu wa go-raijō arigatō gozaimasu.
Thank you for coming today.

意味と
使い方

「今日」の丁寧な言い方。同様に、「昨日」が「きのう→さくじつ」、
きょう　　　ていねい　　い　かた　　どうよう　　きのう　　　　さくじつ
「明日」が「あした→みょうにち」と、改まった言い方がある。
あした　　　　　　　　　　　　　　あらた　　い　かた
A polite way of saying "today." Similarly, "yesterday" can be said politely with「き
のう→さくじつ」, and "tomorrow" can be said politely with「あした→みょうにち」.

基本
パターン

本日は　＋　**Ⓥ**
ほんじつ

1 こちらが本日のメニューです。
　　　　　　ほんじつ
Kochira ga honjitsu no menyū desu.

This is today's menu.

2 本日はお招きいただき、ありがとうございます。
　ほんじつ　　まね
Honjitsu wa o-maneki itadaki, arigatō gozaimasu.

Thank you for inviting me here today.

3 取引先：田中さんはいらっしゃいますか。
　とりひきさき　たなか
　ルイス：田中は、本日はお休みをいただいて
　　　　　たなか　　ほんじつ　　やす
　　　　　おります。

Client: Is Tanaka-san there?

Louis: Tanaka is taking the day off.

torihikisaki: Tanaka-san wa irasshaimasu ka?
Ruisu: Tanaka wa honjitsu wa o-yasumi o itadaite
　　orimasu.

13 ▼「どこ」の丁寧な表現
ていねい　ひょうげん

A polite expression for "**where**"

どちら

where

Dochira

ご出身はどちらですか。
しゅっしん
Go-shusshin wa dochira desu ka?

Where are you from?

意味と | 場所の「どこ」だけでなく、「どれ」や「どっち」、また、人について「誰」の意味でも使う。
使い方 | ばしょ／ひと／だれ／いみ／つか

Used not just to ask "where" regarding a place, but also "which" or "who" about a person.

例

1 受付はどちらですか。
うけつけ
Uketsuke wa dochira desu ka?
Where is the reception?

2 大谷先生はどちらですか。
おおたにせんせい
Ōtani sensē wa dochira desu ka?
Where is Otani-sensei?

3 どちらでも結構です。
けっこう
Dochira demo kekkō desu.
Anywhere is fine.

14 ▼「だれ」の丁寧な表現
ていねい　ひょうげん

A polite expression for "**who**"

どなた

who

Donata

どなたが青木さんですか。
あおき
Donata ga Aoki san desu ka?

Who is Aoki-san?

意味と | 「だれ」の丁寧な言い方。
使い方 | ていねい　い　かた

A polite way to say "who."

例

1 どなたにお願いすればいいですか。
ねが
Donata ni o-negai-sureba ī desu ka?
Who should I ask?

2 どなたでもご入場できます。
にゅうじょう
Donata demo go-nyūjō dekimasu.
Anyone can enter.

3 どなたのご紹介ですか。
しょうかい
Donata no go-shōkai desu ka?
Who introduced you?

(16) **15** ▼「人」の丁寧な表現
　　　　　ひと　　　ていねい　ひょうげん

A polite expression for "**person**"

方／方々
かた　　　かたがた
Kata / katagata

person; people

あの方はどなたですか。
　　かた

Ano kata wa donata desu ka?

Who is that person?

意味と
使い方

「人」の丁寧な言い方。複数の場合は「方々」。
ひと　ていねい　い　かた　ふくすう　ばあい　かたがた

A polite way to say "person." 「方々」is used when speaking about multiple people.

例

1 初めての方は、こちらで受付をお願いします。
　　はじ　　　かた　　　　　　うけつけ　　ねが

Hajimete no kata wa, kochira de uketsuke o o-negai-shimasu.

Please check in at the reception here if it is your first time.

2 参加者には、女性の方も多いです。
　　さんかしゃ　　じょせい　かた　おお

Sankasha niwa, josē no kata mo ōi desu.

There seem to be many female participants.

3 ぜひ、若い方々に来てほしいです。
　　　わか　かたがた　き

Zehi, wakai katagata ni kite hoshī desu.

I hope that young people will come.

---

(17) **16** ▼「さん」の丁寧な表現
　　　　　　　　　ていねい　ひょうげん

A polite expression for "**Mr./Ms./(etc)**"

～様
さま
~sama

Mr.; Ms.

ホテルのフロント 田中様にご伝言です。
　　　　　たなかさま　　でんごん

hoteru no furonto Tanaka-sama ni go-dengon desu.

Front desk of a hotel
I have a message for you, Mr. Tanaka.

意味と
使い方

人に対する敬称として、語の後に付けて使う。
ひと　たい　けいしょう　　ご　あと　つ　つか

Used at the end of a word as an honorific toward a person.

例

1 皆様、はじめまして。
　　みなさま

Mina-sama, hajimemashite.

Welcome, everyone.

2 お客様に失礼のないようにしてください。
　　きゃくさま　しつれい

O-kyaku-sama ni shitsurē no nai yō ni shite kudasai.

Make sure not to be impolite to customers.

3 電話で　　失礼ですが、どちらさまですか。
　　でんわ　　　　しつれい

denwa de Shitsurē desu ga, dochira-sama desu ka?

On the phone
Excuse me, but to whom am I speaking?

(18) **17** ▼「あなた（たち）の会社」の丁寧な表現
かいしゃ　　　　ていねい　ひょうげん

A polite expression for
"your company"

御社／貴社
おん しゃ　　　き しゃ
Onsha / Kisha

your company

御社を志望する理由は主に２つあります。
おん しゃ　し ぼう　　　り ゆう　　おも
Onsha o shibō-suru riyū wa omoni futatsu arimasu.
There are two main reasons why I chose your company.

意味と
使い方

「御〜」「貴〜」は会社や学校など、組織や団体に対する敬称。学校は
　おん　　き　　　かいしゃ　がっこう　　　　そ しき　だんたい　たい　　　けいしょう　　がっこう
「御校」「貴校」、協会などは「御協会」「貴協会」。大学は主に「貴
おんこう　き こう　きょうかい　　　おんきょうかい　き きょうかい　　だいがく　おも　　　き
学」が使われる。
がく　　つか

「御〜」 and 「貴〜」 are honorifics used for organizations and groups such as companies and schools. For schools, 「御校」 and 「貴校」 are used, while 「御協会」「貴協会」 would be used for associations. For universities, 「貴学」 is primarily used.

例

1 御社にはぜひご協力をいただきたいと思っています。
　おん しゃ　　　　　きょうりょく　　　　　　　　　　　おも
Onsha niwa zehi go-kyōryoku o itadakitai to omotte imasu.

We hope for your company's assistance.

2 電話で　御社名をもう一度よろしいでしょうか。
でん わ　　　おんしゃめい　　　いち ど
denwa de Onsha-mē o mō ichido yoroshī deshō ka?

On the phone
Could you please repeat your company's name one more time?

3 貴校のお休みはいつからですか。
き こう　　　やす
Kikō no o-yasumi wa itsu kara desu ka?

When does your school close for vacation?

---

(19) **18** ▼「私（たち）の会社」の丁寧な表現
わたし　　　　かいしゃ　ていねい　ひょうげん

A polite expression for
"our company"

弊社／小社／当社
へい しゃ　　しょうしゃ　　とう しゃ
Hēsha / shōsha / tōsha

our company

弊社はまだ新しく、小さい会社です。
へいしゃ　　　あたら　　　　ちい　　かいしゃ
Hēsha wa mada atarashiku, chīsai kaisha desu.
Our company is still a new and small one.

意味と
使い方

「弊〜」「小〜」「当〜」は自分や自分の側を低く扱う表現。最も使われるのは自分の会社についてで、「弊社」「小社」「当社」と言う。

「弊〜」and「小〜」are expressions used to lower oneself or one's side. They are most often used about one's company in the form of「弊社」,「小社」and「当社」.

例

1 こちらは弊社のホームページのアドレスです。
Kochira wa hēsha no hōmupēji no adoresu desu.

This is the address for our company's website.

2 弊社の製品も展示されています。
Hēsha no sēhin mo tenji-sarete imasu.

Our company's products are also being displayed.

3 おかげさまで、小社は今年で 20 周年を迎えました。
Okagesama de, shōsha wa kotoshi de nijjū shū-nen o mukaemashita.

Thanks to you, our company has made it to 20 years this year.

---

20 19 ▼ 指導者などへの敬称

An honorific for an instructor, etc.

先生
せんせい
Sensē

teacher, instructor, etc.

田中先生には大変お世話になりました。
Tanaka sensē niwa taihen o-sewa ni narimashita.
I am greatly indebted to Tanaka-sensei.

意味と
使い方

専門家や指導者などへの敬称。教師や講師など教育にかかわる人、医者や弁護士、芸術家、作家、政治家など、広く対象になる。

An honorific used for experts, instructors, and so on. It applies to a broad group of people, such as educators like teachers and speakers, doctors and lawyers, artists, authors, politicians, and so on.

例

1 医者について
あの先生はいつも丁寧に説明してくれる。
isha nitsuite
Ano sensē wa itsumo tēnē ni setsumē-shite kureru.

About a medical doctor
That doctor always explains things in a careful way.

2 その頃は、幼稚園の先生になりたいと思っていました。
Sono koro wa, yōchien no se n sē ni naritai to omotte imashita.

Back then, I had a will to become a kindergarten teacher.

3 あの方は日本画の有名な先生です。
Ano kata wa nihonga no yūmē na sensē desu.

That individual is a famous Japanese-style painter.

確認ドリル Reinforcement Drills
かくにん

下の1～4の中から、（　）に合うものを1つ選んでください。

① A：コーヒー（　　　　　）ですか。
　 B：ありがとうございます。いただきます。

　 1　いくつ　　　　2　いつか　　　　3　いかが　　　　4　いくら

② A：イヤホンの売り場はどこですか。
　　　　　　　 う　ば
　 B：（　　　　　）です。

　 1　こちら　　　　2　こう　　　　　3　これ　　　　　4　こんな

③ A：ビール、もう一杯どうですか。
　　　　　　　 いっぱい
　 B：あっ、いえ、もう（　　　　　）です。

　 1　結果　　　　　2　結構　　　　　3　終了　　　　　4　完了
　　 けっか　　　　　　 けっこう　　　　　 しゅうりょう　　　　 かんりょう

④ A：すみませんが、明日休ませていただいても（　　　　　）でしょ
　　　　　　　　　 あしたやす
　　 うか。
　 B：どうしましたか。

　 1　よし　　　　　2　よき　　　　　3　よろしく　　　4　よろしい

⑤ エレベーターは入口の横に（　　　　　）。
　　　　　　　　　 いりぐち　よこ

　 1　おります　　 2　います　　　　3　ございます　 4　おいてます

⑥ （　　　　　）はご参加くださり、ありがとうございました。
　　　　　　　　　　 さんか

　 1　当日　　　　　2　現日　　　　　3　元日　　　　　4　本日
　　 とうじつ　　　　　 げんじつ　　　　　 がんじつ　　　　　 ほんじつ

⑦ こちらが、午後の会議の資料に（　　　　）。

　　1　します　　　　2　なります　　　3　なさります　　4　なれます

⑧ 私がこの企画の担当者で（　　　　）。

　　1　おります　　　2　いたします　　3　ございます　　4　なさります

⑨ 結果はメールで（　　　　）いたします。

　　1　お知らせ　　　　　2　ご知らせ

⑩ この書類が届いたら、お名前とご住所を（　　　　）ください。

　　1　お確認　　　　　　2　ご確認

§1 丁寧語・美化語 Polite and Refined Language

確認ドリルの答え

① 3　コーヒー（　いかが　）ですか。

② 2　（　こちら　）です。

③ 2　あっ、いえ、もう（　結構　）です。

④ 4　すみませんが、明日休ませていただいても（　よろしい　）でしょうか。

⑤ 3　エレベーターは入口の横に（　ございます　）。

⑥ 4　（　本日　）はご参加くださり、ありがとうございました。

⑦ 2　こちらが、午後の会議の資料に（　なります　）。

⑧ 3　私がこの企画の担当者で（　ございます　）。

⑨ 1　結果はメールで（　お知らせ　）いたします。

⑩ 2　この書類が届いたら、お名前とご住所を（　ご確認　）ください。

1 ▼「来る」の尊敬語
く　　そんけいご

Honorific language for "**to come**"

いらっしゃる①

To come

Irassharu

先生はこれからいらっしゃいます。
せんせい
Sensē wa korekara irasshaimasu.

Sensei is coming later.

意味と
使い方

目上の人の動作を表す表現で、「来ます」の尊敬語。
めうえ　ひと　どうさ　あらわ　ひょうげん　　　　き　　　　　　そんけいご
Honorific language for "coming," used as an expression that indicates the action of one's superior.

★「います」「行きます」の意味でも使われる。使われることが多い
い　　　　いみ　　つか　　　　　つか　　　　　　　　おお
のは、「います」「来ます」「行きます」の順。
き　　　い　　　　じゅん
Also used to mean "is present" and "will go." Used most often to mean "is present", followed by "to come" and "will go."

基本
パターン

「目上の人」が会話の相手のとき・話題になっているとき
めうえ　ひと　　かいわ　あいて　　　わだい

(先生は) + ⓡ「時間に」「場所に」など + いらっしゃいます（か）。
せんせい　　　　　　じかん　　ばしょ

ⓡ「時間に」「場所に」など + いらっしゃってください。
じかん　　ばしょ

🗆 に入る言葉の例

いつ when、〜時に at ~ o'clock、
じ
こちらに here、パーティーに the party

例のように文を作ってみましょう。
Let's try making a sentence as in the example.

練習

§2 尊敬語 Honorific language

例 先生／午後／来る
⇒ 先生は午後、いらっしゃいます。

❶ 先生／今／来た
⇒ _____

❷ 皆さん、／タクシー／来る
⇒ _____

❸ 奥様／来ない／そうだ
⇒ _____

❹ では／明日の午後３時／来てください
⇒ _____

 会話練習

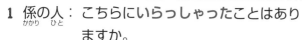

1 係の人：こちらにいらっしゃったことはあり
　　　　　　ますか。
　リ　サ：いいえ、初めてです。

kakari-no-hito: Kochira ni irasshatta koto wa arimasu ka?
Risa: Īe, hajimete desu.

Receptionist: Have you come here before?
Lisa: No, this is my first time.

2 係の人：一度、見学にいらっしゃいませんか。
　リ　サ：いいんですか。じゃ、ぜひ、お願い
　　　　　　します。

Kakari-no-hito: Ichido, kengaku ni irasshaimasen ka?
Risa: Ī n desu ka? Ja, zehi, onegai-shimasu.

Receptionist: Would you like a tour?
Lisa: Is that okay? Then yes, please.

2 ▼「来る」の尊敬語 く そんけいご

Honorific language for "**to come**"

お出でになる
い
Oide ni naru

To come

田中先生も展示会にお出でになりました。
た なかせんせい てん じ かい い
Tanaka sensē mo tenjikai ni oide ni narimashita.

Tanaka-sensei also came to the exhibition.

意味と
使い方

目上の人の動作を表す表現で、「来る」の尊敬語。「おいでになる」と
めうえ ひと どうさ あらわ ひょうげん く そんけいご
書くことも多い。多くはないが、「行く」の意味でも使われることが
か おお おお い い み つか
ある。

Honorific language for "coming," used as an expression that indicates the action of one's superior. Also frequently written as 「おいでになる」. While uncommon, it can also be used to mean "to go."

例 先生、どちらへお出でになりますか。 Sensei, where will you be going?
せんせい い

★ 「お出になる」は「出る」の尊敬語。
で で そんけいご
「お出になる」is honorific language for 「出る」.

例 先生はもう、ホテルをお出になっていた。 Sensei has already left the hotel.
せんせい で

基本
パターン

「目上の人」が会話の相手のとき・話題のとき
めうえ ひと かい わ あいて わ だい

（先生は/が） ＋ **R**「時間に」「場所に」など
せんせい じ かん ば しょ

＋ お出でになります（か）。
い

R「時間に」「場所に」など ＋ お出で（になって）ください。
じ かん ば しょ い

☐ に入る言葉の例

◯ 何時に when、パーティーに at the party、こちらに here
なん じ

36

§2
尊敬語 Honorific language

練習

例のように文を作ってみましょう。
Let's try making a sentence as in the example.

例 先生／いつ／こっち／来る
　⇒　先生はいつ、こちらにお出でになりますか。

❶ わざわざ／来ていただき／ありがとうございます
　⇒

❷ パーティー／来る／だれ？
　⇒

❸ 開店と同時／多くの客／来る
　⇒

❹ 家族といっしょ／よく／こっち／来る
　⇒

  会話練習

1 パーティー

私 ： 東京にお出でになった際は、ぜひお立ち寄りください。

先生 ： ええ。ぜひ！

pāthī

Risa: Tōkyō ni oide ni natta sai wa, zehi
　o-tachiyori kudasai.

sensē: Ē, zehi.

At a party
Me: Please come by when
　you are in Tokyo.
Sensei: Yes, I would love to!

2 店員 ： 窓口にお出でになれない場合は、郵送でも結構です。

客 ： そうですか。わかりました。

ten'in: Madoguchi ni oide ni narenai baai wa,
　yūsō demo　kekkō desu.

kyaku: Sō desu ka. Wakarimashita.

Clerk: If you cannot come to
　the counter, you may also
　send it by mail.
Customer: Is that so.
　I understand.

23 3 ▼ 「来る」「現れる」の尊敬語
く あらわ そんけいご

Honorific language for "**to come**" and "**to appear**"

お見えになる
み

O-mie ni naru

To come / To appear

今、田中先生がお見えになりました。
いま た なかせんせい み
Ima, Tanaka sensē ga o-mie ni
narimashita.

Tanaka-sensei has just come.

意味と
使い方

目上の人の動作を表す表現で、「来る、現れる」の尊敬語
めうえ ひと どうさ あらわ ひょうげん く あらわ そんけいご
である「見える」
み

Honorific language for "to come, to appear" used as an expression that indicates the action of one's superior.
It is in this way that the person being spoken about is "seen."

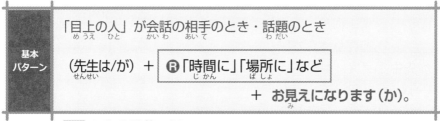

基本
パターン

「目上の人」が会話の相手のとき・話題のとき
めうえ ひと かいわ あいて わだい

（先生は/が）＋ ⓡ「時間に」「場所に」など
せんせい じかん ばしょ

＋ お見えになります（か）。
み

□ に入る言葉の例

〇 何時に when、パーティーに at the party
なんじ

練習

例のように文を作ってみましょう。
Let's try making a sentence as in the example.

例 先生／もう／来た
⇒ 先生はもうお見えになりました。

❶ 森先生も／来る／そうです
⇒

❷ だれ／来る／んです？
⇒

❸ 田中社長も／パーティー／出席しなかった
⇒

❹ 先生が／来たら／教えてください
⇒

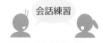
会話練習

1 パーティー
ルイス： 皆さん、お見えになりました。
同　僚： じゃ、始めましょうか。
pāthī
Ruisu: Minasan, o-mie ni narimashita.
dōryō: Ja, hajimemashō ka.

At a party
Lewis: Everyone has come.
Colleague: Then let's begin.

2 同　僚： 忙しそうですね。
ルイス： 今日は大事なお客様がお見えになるんです。

dōryō: Isogashi sō desu ne.
Ruisu: Kyō wa daiji na o-kyaku sama ga o-mie ni naru n desu.

Colleague: You seem busy.
Lewis: An important customer will be coming today.

4 ▼「来る」の尊敬語　Honorific language for "**to come**"

お越しになる
O-koshi ni naru

To come

いつ、こちらにお越しになりますか。
Itsu, kochira ni o-koshi ni narimasu ka?
When will you be coming here?

意味と使い方

目上の人の動作を表す表現で、「来ます」の尊敬語。
「越す」は「山を越す」「冬を越す」のように「一つの困難を乗り越える」という意味を伴う。そのため、「遠くから来る」「わざわざ来る」というニュアンスがある。

Honorific language for "to come" used as an expression that indicates the action of one's superior.
The term for "crossing" is used to mean "overcoming a difficulty," such as "crossing a mountain" or "making it through winter."
As such, the term has a nuance of "coming from afar" or "going through the trouble to come."

基本パターン

「目上の人」が会話の相手のとき・話題になっているとき

（先生は）＋ ⓡ「時間に」「場所に」など ＋ お越しになります（か）。

ⓡ「時間に」「場所に」など ＋ お越し（になって）ください。

▢ に入る言葉の例

◊ 何時に when、どちらに where、わざわざ taking the trouble

40

練習

例のように文を作ってみましょう。
Let's try making a sentence as in the example.

（例）田中先生（たなかせんせい）／３時（じ）／来（く）る

⇒　田中先生は３時にお越しになります。

❶青木様（あおきさま）／いつ／来（く）る？

⇒

❷明日（あした）は／中村社長（なかむらしゃちょう）も／来（く）る／そうです

⇒

❸部長（ぶちょう）、／田中様（たなかさま）／来（き）た

⇒

❹まず／５階（かい）の受付（うけつけ）／来（き）てください

⇒

会話練習

1 行（い）き方（かた）を聞（き）く

ルイス：バスでも行（い）けますか。

受付（うけつけ）：はい。バスでお越（こ）しになる場合（ばあい）は、
３番（ばん）のバスをご利用（りよう）ください。

iki-kata o kiku

Ruisu: Basu demo ikemasu ka?

*uketsuke: Hai. Basu de o-koshi ni naru baai
wa, 3-ban no basu o go-riyō kudasai.*

Asking about a method of transportation

Lewis: Can you go by bus too?

Receptionist: Yes. If you will be coming by bus, please use the #3 bus.

2 リサ：明日（あした）は車（くるま）でお越（こ）しになりますか。

先生（せんせい）：いえ、電車（でんしゃ）で行（い）くつもりです。

*Risa : Ashita wa kuruma de o-koshi ni
narimasu ka?*

sensē: Ie, densha de iku tsumori desu.

Lisa: Will you be coming by car tomorrow?

Sensei: No, I plan on going by train.

㉕ 5 ▼「いる」の尊敬語　Honorific language for "**to be present**"
そんけいご

いらっしゃる②

To be present

Irassharu

明日はご自宅にいらっしゃいますか。
あした　　じたく

Ashita wa go-jitaku ni irasshaimasu ka?

Will you be at home tomorrow?

意味と　目上の人の動作を表す表現で、「います」の尊敬語。
使い方　めうえ　ひと　どうさ　あらわ　ひょうげん　　　　　　　そんけいご
Honorific language for "to be present," used as an expression that indicates the action of one's superior.

★「行きます」「来ます」の意味でも使われる。使われることが多いのは、
い　　　き　　　　いみ　　つか　　　　つか　　　　　　　　おお
「います」「来ます」「行きます」の順。
き　　い　　じゅん
Also used to mean "to go" and "to come." Used most often to mean "is present," followed by "to come" and "will go."

基本
パターン

「目上の人」が会話の相手のとき・話題になっているとき
めうえ　ひと　　かいわ　あいて　　　　わだい

（先生は）＋ Ⓝ「場所」など に ＋ いらっしゃいます（か）。
せんせい　　　　　　ばしょ

◻️ に入る言葉の例

♩ 研究室 laboratory、東京 Tokyo、ご自宅 home、どちら where
けんきゅうしつ　　　とうきょう　　　じたく

練習

例のように文を作ってみましょう。
Let's try making a sentence as in the example.

例 先生／教室／いる
せんせい　きょうしつ

⇒　先生は教室にいらっしゃいます。

❶ 社長／今／会議室／いる
しゃちょう　いま　かいぎしつ

⇒　――――――――――――――――――――――

❷ 先生／今／どちら／いる？
せんせい　いま

⇒　――――――――――――――――――――――

❸ 先生／昨日まで／ハワイ／いた
せんせい　きのう

⇒　――――――――――――――――――――――

❹ いつまで／大阪／いる？
おおさか

⇒　――――――――――――――――――――――

会話練習

1　リサ：田中先生も、その会議にいらっしゃいましたか。
た なかせんせい　　かいぎ

友達：いいえ、いらっしゃいませんでした。
ともだち

Risa: Tanaka sensē mo, sono kaigi ni irasshaimashita ka?

tomodachi: Īe, irasshaimasen deshita.

Lisa: Was Tanaka-sensei also present at that meeting?
Friend: No, he was not.

2　客：キャンセル待ちの人は何人くらいいるんですか。
きゃく　　　　ま　　ひと　なんにん

店員：現在、50人くらいの方がいらっしゃいます。
てんいん　げんざい　　にん　　かた

kyaku: Kyanseru machi no hito wa nan-nin kurai iru n desu ka?

ten'in: Genzai, 50-nin kurai no kata ga irasshaimasu.

Customer: About how many people are on the waiting list?
Employee: There are about fifty individuals on it right now.

---

6 ▼「行く」の尊敬語 い そんけいご

Honorific language for "**to go**"

いらっしゃる③

Irassharu

to go

北海道旅行では、どちらにいらっしゃいましたか。
ほっかいどうりょこう

Hokkaidō ryokō dewa, dochira ni irasshaimashita ka?

Where did you go on your trip to Hokkaido?

意味と
使い方

目上の人の動作を表す表現で、「行く」の尊敬語。
めうえ ひと どうさ あらわ ひょうげん い そんけいご
「来る」や「いる」の意味の場合に比べ、使われることがあまり多くない。
く い ば あい くら つか おお

Honorific language used to express the actions of someone above you.
Not used as often compared to its usage to mean 「来る」 or 「いる」.

基本 パターン

（先生は/が） ＋ Ⓝ 場所や目的 に / へ ＋いらっしゃいます。
せんせい ば しょ もくてき

□ に入る言葉の例

�♪ 海外 overseas、北海道 Hokkaido、旅行 trip、展示会 exhibition
かいがい ほっかいどう りょこう てん じ かい

例

1 これは、旅行や出張にいらっしゃるときに大
りょこう しゅっちょう たい
変便利です。
へんべん り

Kore wa, ryokō ya shucchō ni irassharu toki ni taihen benri desu.

This is very convenient when traveling or going on work trips.

2 先生は年に数回、海外の学会にいらっしゃい
せんせい ねん すうかい かいがい がっかい
ます。

Sensē wa nen ni sūkai, kaigai no gakkai ni irasshaimasu.

Sensei goes to overseas academic conferences multiple times a year.

3 ルイス：部長、どちらにいらっしゃいますか。
ぶ ちょう
部 長：ちょっと銀行に行ってきます。
ぶ ちょう ぎんこう い

Ruisu: Buchō, dochira ni irasshaimasu ka?
buchō: Chotto ginkō ni itte kimasu.

Louis: Where will you be going, sir?
General Manager: I will be going to the bank for a bit.

(27)

7 ▼「行く」「いる」の尊敬語
　　　　　　い　　　　　　そんけいご

Honorific language for "**to go**,"
"**to be present**"

おいでになる②

to go, to be present

Oide ni naru

これからどちらにおいでになりますか。

Korekara dochira ni oide ni narimasu ka?

Where will you be going next?

意味と
使い方

目上の人の動作を表す表現で、「行く」「いる」の尊敬語。使われる割
めうえ　ひと　どうさ　あらわ　ひょうげん　　　　　　い　　　　　　そんけいご　　　　つか　　　　わり
合としては、「来る」「いる」「行く」の意味の順。
あい　　　　　　　　　く　　　　　　　い　　　い　み　じゅん

Honorific language for "to go," "to be present" used to express the actions of a
superior. Most often used to mean "to come," then "to be present," then "to go."

基本
パターン

（先生は/が） ＋ ┃ Ⓝ 場所や目的 ┃ に / へ ＋おいでになります。
　せんせい　　　　　　　　　ばしょ　もくてき

　　　　　▢ に入る言葉の例

(♪) 海外 overseas、 北海道 Hokkaido、 旅行 trip、 出張 work trip、
　　かいがい　　　　　　ほっかいどう　　　　　　りょこう　　　　　しゅっちょう
会議 meeting、 展示会 exhibition
かいぎ　　　　　　てんじかい

例

1 先生はよく海外においでになるんですか。
　　せんせい　　　　かいがい

Sensē wa yoku kaigai ni oide ni naru n desu ka?

Do you often go
overseas, Sensei?

2 山田先生は、今、研究室においでにならない
　　やまだせんせい　　いま　けんきゅうしつ
ようです。

Yamada sensē wa, ima, kenkyūshitsu ni oide ni naranai yō desu.

It seems that Yamada-
sensei is currently not
in her lab.

3 知人： 山田先生は、 どちらにいらっしゃいま
　　ちじん　やまだせんせい
すか。

リサ： たぶんロビーにおいでになっていると
思います。
おも

chijin:Yamada sensē wa, dochira ni irasshaimasu ka?
Lisa:Tabun robī ni oide ni natte iru to omoimasu.

Acquaintance: Where
is Yamada-sensei?
Lisa: I think she is
probably in the
lobby.

㉘ **8** ▼「食べる」「飲む」の尊敬語
そんけいご

Honorific language for "**to eat**" and "**to drink**"

召し上がる
め　　あ
meshiagaru

To eat; to drink

・・

デザートは召し上がりますか。
め　あ

Dezāto wa meshiagarimasu ka?

Would you like to eat dessert?

意味と
使い方

目上の人の動作を表す表現で、「食べる」「飲む」の尊敬語。
めうえ　ひと　どうさ　あらわ　ひょうげん　　　た　　　の　　　そんけいご
2つの動詞に対して共通して使われる。
どうし　たい　きょうつう　つか

Honorific language used in place of "to eat," "to drink."
Used in place of both verbs.

基本 パターン	「目上の人」が会話の相手のとき・話題になっているとき めうえ　ひと　かいわ　あいて　　わだい （先生は/が）＋ ⓝ食べ物・飲み物 を＋ 召し上がります（か）。 せんせい　　　　　　た　もの　の　もの　　　　　　め　あ

□ に入る言葉の例

🔊 食べ物 food ▶ パン bread、カレー curry、ケーキ cake
た　もの

🔊 飲み物 drink ▶ コーヒー coffee、お茶 tea、ワイン wine
の　もの　　　　　　　　　　　　　　　　　　　　ちゃ

🔊 食事 food、朝食 breakfast、お弁当 a bento、お飲み物 a drink
しょくじ　　ちょうしょく　　　　べんとう　　　　の　もの

練習

例のように文を作ってみましょう。
れい　　　　　ぶん　つく

Let's try making a sentence as in the example.

例 何／食べる？
　　なに　た

⇒　何を召し上がりますか。

❶ 飲み物／何／飲む？
　　の　もの　なに　の

⇒

❷ お昼／どこ／食べる？
　　ひる　　　　た

⇒

❸ きのうの夜／何／食べる？
　　　　　よる　なに　た

⇒

❹ 先生／お肉を／あまり／食べない
　　せんせい　にく　　　　　　た

⇒

会話練習

1 A: 田中さんはお酒を召し上がりますか。
　　　　たなか　　　さけ　め　あ
　　B: いえ、私はほとんど飲みません。
　　　　　　わたし　　　　　　の

A: Do you drink, Tanaka-san?
B: No, I rarely drink.

　　A: *Tanaka-san wa o-sake o meshiagarimasu ka?*
　　B: *Ie, watashi wa hotondo nomimasen.*

2 食事に誘う
　　しょくじ　さそ
　　A: 先生はもう、お昼を召し上がりましたか。
　　　　せんせい　　　　　ひる　め　あ
　　B: いいえ、まだです。
　　A: では、ご一緒してもよろしいでしょうか。
　　　　　　　いっしょ
　　B: ええ、もちろん。

Inviting someone to eat
A: Have you already eaten lunch, Sensei?
B: No, not yet.
A: Would you care to join me, then?
B: Yes, of course.

Shokuji ni sasou
A: *Sensē wa mō, o-hiru o meshiagarimashita ka?*
B: *Ie, mada desu.*
A: *Dewa, go-issho shite mo yoroshī desyō ka?*
B: *Ē, mochiron.*

29 | 9 | ▼「言う」の尊敬語　　　　Honorific language for "**to say**"
　　　　　　い　　そんけいご

おっしゃる

To say

Ossharu

先生がそうおっしゃいました。
せんせい
Sensē ga sō osshaimashita.

That is what Sensei said.

意味と　目上の人の動作を表す表現で、「言います」の尊敬語。
使い方　めうえ　ひと　どうさ　あらわ　ひょうげん　　い　　　そんけいご
Honorific language for "to say," used as an expression that indicates the action of one's superior.

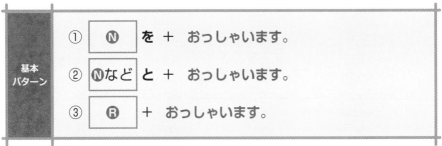

基本　　① [N] を ＋ おっしゃいます。
パターン
　　　② [N]など と ＋ おっしゃいます。

　　　③ [R] ＋ おっしゃいます。

☐ に入る言葉の例

♪ ①冗談、厳しいこと a joke, harsh words
　　じょうだん　きび

♪ ②それがいい that is good

♪ ③そう、くりかえし so, once more

例のように文を作ってみましょう。
Let's try making a sentence as in the example.

練習

例 先生／いつも／そう／言う

　⇒　先生はいつもそうおっしゃいます。

❶ 先生／私に／そう／言った

　⇒

❷ すみません／何と／言った？

　⇒

❸ 先生／いつがいい／言ったんです？

　⇒

❹ 先生の／言ったこと／意味／わかりました

　⇒

 会話練習

1 知人：　それについて、先生は何かおっしゃいましたか。

　　リサ：　いえ、何もおっしゃいませんでした。

　chijin: Sore ni tsuite sensē wa nanika osshaimashita ka?

　Risa: Ie, nani mo osshaimasen deshita.

Acquaintance: Did Sensei say anything about that?
Lisa: No, she said nothing.

2 知人：　私はそう思うんですが…。
　　リサ：　はい。おっしゃるとおりです。

　chijin: Watashi wa sō omou n desu ga….
　Risa:　Hai. Ossharu tōri desu.

Acquaintance: That's what I think, though...
Lisa: Yes, you're exactly right.

(30) 10 ▼「見る」の尊敬語　Honorific language for "**to see**"
　　　　　　み　　　そんけいご

ご覧になる
らん
Goran ni naru

To see

こちらをご覧になってください。
らん
Kochira o go-ran ni natte kudasai.

Please look at this.

意味と　目上の人の動作を表す表現で、「見ます」の尊敬語。
使い方　めうえ ひと どうさ あらわ ひょうげん　　み　　　　そんけいご
「覧」は「見る、眺める」という意味を表す。
らん　　み　　なが　　　　　　　　いみ　あらわ

Honorific language for "to see," used as an expression that indicates the action
of one's superior.
「覧」means "to see; to look".

①　Ⓝ目上の人　は／が　＋　Ⓝもの・こと　を
めうえ ひと

＋　ご覧になります。
らん

基本
パターン

②　Ⓝもの・こと　を　＋　ご覧になってください。
らん

▶ 短くした「ご覧ください」がよく使われる。
みじか　　　　　らん　　　　　　み　　つか

☐☐ に入る言葉の例

◯ ①先生 teacher、社長 company president、お客様 customer
せんせい　　　　しゃちょう　　　　　　　　きゃくさま
◯ ②こちら this way、資料 materials
しりょう

練習

例のように文を作ってみましょう。
Let's try making a sentence as in the example.

例 メニュー／見る？

⇒　メニューをご覧になりますか。

❶ 何／見た？

⇒

❷ この映画／見たことがある？

⇒

❸ ちょっと／こちら／見てください

⇒

❹ 先生／メール／見ていない／ようです

⇒

 会話練習

---

1 電話で
でんわ

学生：メールをお送りしたんですが、ご覧に
がくせい　　　　　　おく　　　　　　　　　　　　らん
なりましたか。

先生：そうですか。まだ見てないです。
せんせい　　　　　　　　　　　　み

denwa de

*Risa: Mēru o o-okuri-shita n desu ga, go-ran ni
narimashita ka?*

sensē: Sō desu ka. Mada mite inai desu.

On the phone
Student: I sent you an e-mail.
Were you able to see it
yet?
Sensei: Is that so. I have not
seen it yet.

---

2 説明会で
せつめいかい

係 ：では、まず、資料をご覧になってくだ
かかり　　　　　　　　　しりょう　　　らん
さい。

setsumēkai de

*kakari: Dewa, mazu, shiryō o go-ran ni natte
kudasai.*

At an information session
Person in charge: Please
start by taking a look at
the materials.

---

31 **11** ▼「着る」「かぶる」「履く」の尊敬語
き　　　　　　　　　　は　　　　　そんけいご

Honorific language for
"to wear," "to put on"

お召しになる
め

To wear

O-meshi ni naru

・・・

先生はよく着物をお召しになります。
せんせい　　　きもの　　　め

Sensē wa yoku kimono o o-meshi ni narimasu.

Sensei often wears a kimono.

意味と
使い方

目上の人の動作を表す表現で、「着ます」の尊敬語。
めうえ　ひと　どうさ　あらわ　ひょうげん　　き　　そんけいご
服のほか、帽子や靴にも使う。
ふく　　　　ぼうし　くつ　　つか

Honorific language for to wear," used as an expression that indicates the action of one's superior.
Used for articles such as hats and shoes in addition to clothes.

基本
パターン

「目上の人」が会話の相手のとき・話題になっているとき
めうえ　ひと　　　　かいわ　あいて　　　　わだい

（先生は）　＋　Ⓝ 服・帽子・くつ を ＋ お召しになります（か）。
せんせい　　　　　　　　ふく　ぼうし　　　　　　　　め

Ⓝ 服・帽子・くつ を ＋　お召しになってください。
ふく　ぼうし　　　　　　　め

▢ に入る言葉の例

♩ 服 clothes、 スーツ suit、 着物 kimono、 和服 Japanese clothing、
ふく　　　　　　　　　　　　　きもの　　　　　　わふく
上着 jacket、 帽子 hat
うわぎ　　　　　　ぼうし

練習

例のように文を作ってみましょう。
Let's try making a sentence as in the example.

例 先生／和服／着ていた
⇒ 先生は和服をお召しになっていました。

❶ よう子先生／スーツ／着ていた
⇒

❷ 先生／明日／何／着る？
⇒

❸ 白い帽子／かぶっている／人／森さん
⇒

❹ 皆さん、／お風呂の後／ゆかた／着る
⇒

  会話練習

1 リサ： 先生はよく着物をお召しになるんですか。
先生： ええ。着物は好きなので、よく着ますよ。
Risa: Sensē wa yoku kimono o o-meshi ni naru n desu ka?
sensē: Ē. Kimono wa suki na node, yoku kimasu yo.

Lisa: Do you often wear kimono, Sensei?
Sensei: Yes, I wear them often because I like them.

2 カフェで
リサ： 冷房が強いですね。上着をお召しになっ たほうがいいと思います。
先生： そうですね。
kafe de
Risa: Rēbō ga tsuyoi desu ne. Uwagi o o-meshi ni natta hō ga ī to omoimasu.
sensē: Sō desu ne.

At a café
Lisa: The air conditiong is strong here, isn't it? I think it's better to eat with your jacket on.

12 ▼「寝る」の尊敬語 ね　そんけいご

Honorific language for "**to sleep**"

お休みになる やす
O-yasumi ni naru

To sleep

先生はいつも 12 時ごろにお休みになります。
せんせい　　　　じ　　　　　　やす

Sensē wa itsumo 12-ji goro ni o-yasumi ni narimasu.

Sensei always goes to sleep at about 12 o'clock.

意味と
使い方

目上の人の動作を表す表現で、「寝ます」の尊敬語。
めうえ　ひと　どうさ　あらわ　ひょうげん　　ね　　　　　そんけいご

Honorific language for "to sleep," used as an expression that indicates the action of one's superior.

★一般的な「休む」という意味でも、よく使われる。
　いっぱんてき　やす　　　　　　　いみ　　　　　つか

Also generally used to mean "to rest."

例1 ちょっとお休みになったらいかがですか。
　　　　　　　　やす

Would you like to take a brief rest?

例2 週末はよくお休みになれましたか。
　　しゅうまつ　　　やす

Were you able to rest well this weekend?

基本
パターン

①目上の人と話すとき
　めうえ　ひと　はな

（お客様は）＋ R 時の副詞など に ＋ お休みになりますか。
　きゃくさま　　　　とき　ふくし　　　　　　　　　やす

②目上の人について話すとき
　めうえ　ひと　　　　　　はな

（先生は）＋ R 時の副詞など に ＋ お休みになります。
　せんせい　　　　とき　ふくし　　　　　　　　　やす

□ に入る言葉の例

何時に what time、すぐ immediately、もう already、少し a little、
なんじ　　　　　　　　　　　　　　　　　　　　　　　すこ
薬を飲んでから after taking medicine
くすり　の

練習

例のように文を作ってみましょう。
Let's try making a sentence as in the example.

例 先生／もう／寝ました

　⇒　先生はもうお休みになりました。

❶先生／今／寝ている

　⇒

❷いつも／エアコンをつける／寝る？

　⇒

❸先生／そろそろ／寝る／そうです

　⇒

❹お母様／もう／寝ている？

　⇒

  会話練習

1 リサ：先生、昨日はよくお休みになれましたか。

先生：うーん、ちょっと寝苦しかったですね。夏だから、しょうがないです。

Risa: Sensēm kinō wa yoku o-yasumi ni naremashita ka?

sensē: Ūn, chotto negurushikatta desu ne. Natsu da kara, shōganai desu.

Lisa: Were you able to sleep well last night, Sensei?

Sensei: Hmm, I had a bit of trouble sleeping. It's summer, though, so I can't complain about that.

2 電話で

リサ：すみません、先生はもうお休みになりましたでしょうか。

先生の奥さん：いえいえ、まだ起きてますよ。

denwa de

Risa: Sumimasen, sense wa mō o-yasumi ni narimashita deshō ka?

kyōju no okusan: Ieie, mada okitemasu yo.

on the phone

Lisa: Excuse me, has Sensei gone to bed already?

Sensei's Wife: No, he's still awake.

(33) **13** ▼「座る」の尊敬語 _{すわ} _{そんけいご}　　Honorific language for **"to sit"**

おかけになる
O-kake ni naru

To sit

こちらにおかけになりませんか。
Kochira ni o-kake ni narimasen ka?
Would you please sit down here?

意味と
使い方

目上の人の動作を表す 表 現で、「座ります」の尊敬語。
_{めうえ ひと どうさ あらわ ひょうげん すわ そんけいご}
Honorific language for "to sit," used as an expression that indicates the action of one's superior.

★「座る」を意味する言葉「かける」の「お〜になります」の形。
_{すわ いみ ことば かたち}
The「お〜になります」form of the word「かける」, which means "to sit."

基本
パターン

「目上の人」が会話の相手のとき・話題になっているとき
_{めうえ ひと かいわ あいて わだい}

（先生は）＋ **R**「場所に」など に ＋おかけ（になって）ください。
_{せんせい} _{ばしょ}

R「場所に」など に ＋ おかけになります（か）。
_{ばしょ}

☐ に入る言葉の例

♪ いす chair、こちらに here、そちらに there

例のように文を作ってみましょう。

Let's try making a sentence as in the example.

練習

例 どうぞ／座ってください

⇒ どうぞ、おかけ（になって）ください。

❶ ここ／座ってください

⇒

❷ そこ／座ってください

⇒

❸ よろしかったら／座りませんか

⇒

❹ あそこに／座っている人／森様です

⇒

---

1 面接
めんせつ

リ　サ：　よろしくお願いいたします。
　　　　　　　　　　　ねが

面接官：　どうぞ、おかけになってください。
めんせつかん

mensetsu

Risa: Yoroshiku onegai itashimasu..

mensetsukan: Dōzo, o-kake ni natte kudasai.

At an interview
Lisa: Nice to meet you.
Interviewer: Please sit down.

---

2 ルイス：　先ほどお電話したルイスですが…。
　　　　　　　さき　　でんわ

係の人：　ルイスさんですね。そちらにおかけ
かかり　ひと

　　　　　　になってお待ちください。
　　　　　　　　　　　　　ま

Ruisu: Sakihodo o-denwa shita Ruisu desu ga….

kakari no hito: Ruisu-san desu ne. Sochira ni
　o-kake ni natte o-machi kudasai.

Louis: This is Louis. I called a little while earlier...
Receptionist: Louis-san? Please sit there and wait.

---

(34) **14** ▼「知っている」の尊敬語 し　そんけいご　　　　　　　　　Honorific language for "**to know**"

ご存じだ
ぞん
Go-zonji da

(I) know

・・・・・・・・・・・・・・・・・・・・・・・・・・・・・・・・・・・・

先生はそのことをご存じです。
せんせい
Sensē wa sono koto o go-zonji desu.

Sensei knows that.

意味と
使い方

目上の人の動作を表す表現で、「知っています」の尊敬語。
めうえ　ひと　どうさ　あらわ　ひょうげん　　　　し　　　　　　　　　　そんけいご
Honorific language for "to know," used as an expression that indicates the action of one's superior.

★「存じる」は「知る」「思う」の謙譲語。
　ぞん　　　　し　　おも　　けんじょうご
Reference: 「存じる」 is humble language for "to know; to think."

基本
パターン

① **Ⓝ 人・物・事** を ＋ ご存じです。
　　 ひと もの こと　　　　　 ぞん

② **Ⓝ 人・物・事** は ＋ ご存じないです／ありません。
　　 ひと もの こと　　　　　 ぞん

　□ に入る言葉の例

◊ 人 person ▶ 彼女 she、田中さん Mr./Ms.Tanaka
　ひと　　　　　　 かのじょ　　 たなか

◊ 物 thing ▶ この本 this book、その店 that store
　もの　　　　　　 ほん　　　　　 みせ

◊ 事 situation ▶ 会が延期になったこと the postponement of a meeting
　こと　　　　　　　 かい えんき

例のように文を作ってみましょう。
れい ぶん つく

Let's try making a sentence as in the example.

練習

例 何／知っている？
　なに　し

⇒　何をご存じですか。

❶ 田中さん／何か／知っている？
　た なか　　なに　　し

⇒

❷ 先生／そのこと／もう／知っている
　せんせい　　　　　　　　し

⇒

❸ よう子先生／会場／どこ／知っている？
　こ せんせい　かいじょう　　　し

⇒

❹ 社長／このこと／何も／知らない
　しゃちょう　　　なに　し

⇒

会話練習

1　レストラン

学生：先生はこの店はご存じでしたか。
がくせい　せんせい　　みせ　　ぞん

先生：いいえ、ここは初めてです。
せんせい　　　　　　はじ

resutoran

Risa: Sensē wa kono mise wa go-zonji deshita ka?

sensē: Īe, koko wa hajimete desu.

At a restaurant

Student: Do you know about this store, Sensei?

Sensei: No, this is my first time here.

2　留学の希望
りゅうがく　き ぼう

先生：ご両親はそのことはご存じですか。
せんせい　りょうしん　　　　　ぞん

学生：はい、相談しています。
がくせい　　　そうだん

ryūgaku no kibō

sensē: Go-ryōshin wa sono koto wa go-zonji desu ka?

Risa: Hai, sōdan-shite imasu.

Hoping to study abroad

Sensei: Do your parents know about this?

Student: Yes, I have talked to them about it.

35 ▎15 ▼「くれる」の<ruby>尊敬語<rt>そんけいご</rt></ruby>　　Honorific langauge for **"to give"**

くださる
Kudasaru

To give

・・・・・・・・・・・・・・・・・・・・・・・・・・・・・・・・・・・・・・・

<ruby>先生<rt>せんせい</rt></ruby>がお<ruby>菓子<rt>かし</rt></ruby>をくださいました。
Sensē ga okashi o kudasaimashita.

Sensei gave me a snack.

意味と
使い方

<ruby>目上<rt>めうえ</rt></ruby>の<ruby>人<rt>ひと</rt></ruby>の<ruby>動作<rt>どうさ</rt></ruby>を<ruby>表<rt>あらわ</rt></ruby>す<ruby>表現<rt>ひょうげん</rt></ruby>で、「くれます」の<ruby>尊敬語<rt>そんけいご</rt></ruby>。
Honorific language for "to give" used as an expression that indicates the action of one's superior.

★ <ruby>辞書形<rt>じしょけい</rt></ruby>は「くださる」で、もともとは「くださります」。しかし<ruby>発<rt>はつ</rt></ruby><ruby>音<rt>おん</rt></ruby>しやすいよう<ruby>音<rt>おと</rt></ruby>が<ruby>変化<rt>へんか</rt></ruby>して「くださいます」が<ruby>一般的<rt>いっぱんてき</rt></ruby>になった。
It is「くださる」in dictionary form, and originally「くださります」. However, the pronunciation has changed to make it easier to pronounce, and therefore「くださいます」has become general.

基本パターン

「<ruby>目上<rt>めうえ</rt></ruby>の<ruby>人<rt>ひと</rt></ruby>」が<ruby>会話<rt>かいわ</rt></ruby>の<ruby>相手<rt>あいて</rt></ruby>のとき

$\boxed{\text{N}}$ を ＋ くださいませんか / くださいました。

「<ruby>目上<rt>めうえ</rt></ruby>の<ruby>人<rt>ひと</rt></ruby>」が<ruby>会話<rt>かいわ</rt></ruby>の<ruby>話題<rt>わだい</rt></ruby>のとき

（<ruby>先生<rt>せんせい</rt></ruby>は）＋ $\boxed{\text{N}}$ を ＋ くださいます / くださいました。

□ に入る言葉の例

◇ おみやげ present,、 お<ruby>返事<rt>へんじ</rt></ruby> reply、 メール e-mail、 <ruby>機会<rt>きかい</rt></ruby> opportunity

練習

例のように文を作ってみましょう。
Let's try making a sentence as in the example.

（例）先生／おみやげ／くれた

⇒　先生がおみやげをくださいました。

---

❶先生が／メール／くれた

⇒ ------------------------------

❷先生／何／くれた／んだ？
　　　　なに

⇒ ------------------------------

❸こちら／先生／くれた／本です
　　　　せんせい　　　　　ほん

⇒ ------------------------------

❹私にも／一つ／くれない？
　わたし　　ひと

⇒ ------------------------------

会話練習

1　リサ：　いろいろアドバイスをくださって、ありがとうございます。

　先生：　いいえ。いつでも相談に来てください。
　せんせい　　　　　　　　　そうだん　き

Risa: Iroiro adobaisu o kudasatte, arigatō gozaimasu.

sensē: Īe. Itsudemo sōdan ni kite kudasai.

Lisa: Thank you for giving me so much advice.
Sensei: Not at all. Feel free to ask me for help whenever you want.

2　リサ：　このような機会をくださって、本当にありがとうございます。
　　　　　　　　　き かい　　　　　　　ほんとう

　ホストマザー：いえいえ、大したことないですよ。
　　　　　　　　　　　　　　　たい

Risa: Konoyōna kikai o kudasatte, hontō ni arigatō go zaimasu.

hostomazā: Ieie, taishita koto nai desu yo.

Lisa: Thank you very much for giving me this opportunity.
Host mother: Not at all, it's nothing significant.

16 ▼「死ぬ」の尊敬語 し そんけいご   Honorific language for "**to die**"

お亡くなりになる
な
O-nakunari ni naru

To pass away

・・

どなたがお亡くなりになったんですか。
な
Donata ga o-nakunari ni natta n desu ka?

Who passed away?

意味と
使い方

目上の人の動作を表す表現で、「死にます」の尊敬語。
めうえ ひと どうさ あらわ ひょうげん し そんけいご
「死ぬ」の丁寧語である「亡くなる」を使って「お〜なります」の形
し ていねいご な つか かたち
で表す表現。
あらわ ひょうげん

Honorific language for "dying" used as an expression that indicates the action
of one's superior.
This expression is made by using 「亡くなる」, the polite form of "to die,"
in the form of 「お〜なります」.

基本
パターン

「目上の人」が会話の相手のとき・話題になっているとき
めうえ ひと かいわ あいて わだい

（「人」が）＋ Ⓡ「時間に」など ＋ お亡くなりになりました（か）。
ひと じかん な

▢ に入る言葉の例

🔊 本日 today、 昨日 yesterday、 病院で at the hospital、
ほんじつ きのう びょういん
残念ながら unfortunately
ざんねん

練習

例のように文を作ってみましょう。

Let's try making a sentence as in the example.

例　患者／死んだ

⇒　患者がお亡くなりになりました。

❶田中さんの／お父さん／死んだ

⇒

❷会長／死んだ／そうだ

⇒

❸いつ／死んだ？

⇒

❹先生が／死んで／もう／1年になる

⇒

 会話練習

1　リサ：先生がお亡くなりになったと聞いて、
　　　　　ショックです。

　　知人：私もです。

*Risa: Sensē ga o-nakunari ni natta to kīte,
　　shokku desu.*

chijin: Watashi mo desu.

Lisa: I was shocked to hear that
　　Sensei passed away.
Acquaintance: Me too.

2　リサ：いつお亡くなりになったんですか。

　　知人：昨日の夜だそうです。

Risa: Itsu o-nakunari ni natta n desu ka?

chijin: Kinō no yoru da sō desu.

Lisa: When did he pass away?
Acquaintance: Yesterday night,
　　it seems.

(37) 17 ▼「する」の尊敬語
そんけいご

Honorific language for "**to do**"

なさる
Nasaru

To do

先生は今、授業をなさっています。
せんせい いま じゅぎょう

Sensē wa ima, jugyō o nasatte imasu.

Sensei is currently teaching.

意味と
使い方

目上の人の動作を表す表現で、「します」の尊敬語。辞書形は「なさる」
めうえ ひと どうさ あらわ ひょうげん そんけいご じしょけい
だが、音の変化があり、「なさいます」「なさって」などのようになる。
おと へんか
「する」の尊敬語としては「される」もあるが、「なさる」のほうが
そんけいご
「される」よりも敬意の度合いが高い。
けいい どあ たか

Honorific language for "to do," used as an expression that indicates the action
of one's superior. It is「なさる」in dictionary form, but it can change in pronoun-
ciation to become「なさいます」or「なさって」.
「される」is another honorific form of「する」, but「なさる」is more honorific than
「される」.

基本
パターン

「目上の人」が会話の相手のとき・話題になっているとき
めうえ ひと かいわ あいて わだい

(先生は)＋ N を ＋ なさいます（か）。
せんせい

N を ＋ なさってください。

☐ に入る言葉の例

() 準備 preparatopm、 予約 reservation、 食事 meal、 経験 experience、
じゅんび よやく しょくじ けいけん
話 speech、 何 what
はなし なに

練習

例のように文を作ってみましょう。
Let's try making a sentence as in the example.

例 早め／予約／してください
　　⇒　早めに予約をなさってください。

❶先生／旅行／話／した
　　⇒ _____

❷先生／何もしない／結構です
　　⇒ _____

❸お仕事／何／している？
　　⇒ _____

❹色／どれ／する？
　　⇒ _____

 会話練習

1 ファストフードで
店員： サイズはいかがなさいますか。
リサ： Mでお願いします。

fasutofūdo-ten de
ten'in: Saizu wa ikaga nasaimasu ka?
Risa: M de onegai-shimasu.

At a fast food restaurant
Employee: What size
　would you like?
Lisa: M size, please.

2 リ　サ： いろいろな経験をなさったんですね。
Aさん： いえいえ、大した経験はしていません。

Risa: Iroiro na kēken o nasatta n desu ne.
A-san: Ieie, taishita kēken wa shite imasen,

Lisa: It seems you've had
　many experiences.
A-san: Not at all, I
　don't have much
　experience.

18 ▼「する」の尊敬語　Honorific language for "**to do**"

される
Sareru

To do

ご予約はされましたか。
Go-yoyaku wa saremashita ka?

Have you made a reservation?

意味と
使い方

目上の人の動作を表す表現で、「します」の尊敬語。辞書形は「なさる」だが、音の変化があり、「なさいます」「なさって」などのようになる。「する」の尊敬語としては「なさる」もあり、「なさる」のほうが「される」よりも敬意の度合いが高い。

Honorific language for "to do," used as an expression that indicates the action of one's superior. It is「なさる」in dictionary form, but it can change in pronunciation to become「なさいます」or「なさって」.
「なさる」is another honorific form of「する」, and「なさる」is more honorific than「される」.

基本
パターン

「目上の人」が会話の相手のとき・話題になっているとき

（先生は）＋ | Ⓝ |を ＋ されます（か）。

□ に入る言葉の例

♪ 準備 preparation、予約 reservation、食事 meal、経験 experience、
話 speech、何 what

練習

例のように文を作ってみましょう。
Let's try making a sentence as in the example.

例 もう一度／確認／する？

⇒ もう一度確認をされますか。

❶ 大谷先生には／あいさつをした？
　おおたにせんせい

⇒

❷ 昨日／どんな／話をした？
　きのう　　　　　はなし

⇒

❸ いつから／研究／している？
　　　　　けんきゅう

⇒

❹ 子供たちに／指導をした経験／ある？
　こども　　　しどう　　けいけん

⇒

会話練習

1 ホテルで

係の人：夜は危ないので、外を歩くときは
かかり　ひと　よる　あぶ　　　　　そと　ある
　　　　注意をされたほうがいいです。
　　　　ちゅうい

客　：わかりました。
きゃく

hoteru de

kakari no hito:Yoru wa abunai node, soto o aruku
*　　toki wa chūi o sareta hō ga ī desu.*

kyaku:Wakarimashita.

At a hotel

Receptionist: It's dangerous at night, so it is best to be careful when walking around outside.

Customer: I understand.

2 リサ：昨日はどちらで食事をされましたか。
　　　　　きのう　　　　　しょくじ

教授：遅かったので、ホテルのレストランで
きょうじゅ　おそ
　　　食べました。
　　　た

Risa:Kinō wa dochira de shokuji o saremashita ka?

kyōju:Osokatta node, hoteru no resutoran de
*　　tabemashita.*

Lisa: Where did you eat yesterday?

Instructor: It was late, so I ate at the hotel restaurant.

(39) **1** ▼「Vる」の尊敬語　　　　　　　　Honorific language for "**to V**"
そんけいご

お〜になる　　　　to V
O 〜 ni naru

先生はロビーでお待ちになります。
せんせい　　　　　　　　ま
Sensē wa robī de o-machi ni narimasu.

Sensei will wait in the lobby.

意味と
使い方

目上の人の動作を表す表現で、「Vる」の尊敬語。
めうえ　ひと　どうさ　あらわ　ひょうげん　　　　　　　そんけいご

Honorific language for "**to V**", used as an expression that indicates the action of one's superior.

基本
パターン　（先生は）＋ お　**Ⓥます** ＋ になります。
　　　　　せんせい

　　　　　☐ に入る言葉の例

♪ 話します speak、読みます read、書きます write、
　はな　　　　　　　　よ　　　　　　　　か
　飲みます drink、会います meet
　の　　　　　　　あ

練習

例のように文を作ってみましょう。

Let's try making a sentence as in the example.

例 タオル／使う？

⇒ タオルはお使いになりますか。

❶ 何／飲む？

⇒

❷ こちらの書類は／読んだ？

⇒

❸ 先生／駅／着いた／ようだ

⇒

❹ いつ／そのこと／知った？

⇒

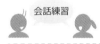

会話練習

1 リサ： 資料をお送りしたんですが、お受け取りになりましたか。

教授： ええ、昨日受け取りました。

Risa: Shiryō o o-okuri-shita n desu ga, o-uketori ni narimashita ka?

kyōju: Ē, kinō uketorimashita.

Lisa: Did you receive the materials I sent?

Professor: Yes, I received it yesterday.

2 知人： あれ？　田中先生は？

リサ： 先ほどお帰りになりました。

chijin: Are? Tanaka-sensē wa?

Risa: Sakihodo o-kaeri ni narimashita.

Acquaintance: Oh, where is Mr. Tanaka?

Lisa: She has just left.

(40) 2 ▼「Vる」の尊敬語 Honorific language for "**to V**"
そんけいご

〜れる・〜られる to V
〜 reru / 〜 rareru

チケットはもう買われましたか。
か
Chiketto wa mō kawaremashita ka?

Did you already buy the ticket?

意味と 目上の人の動作を表す表現で、「Vる」の尊敬語。
使い方 めうえ ひと どうさ あらわ ひょうげん そんけいご
Honorific language for "to V", used as an expression that indicates the action of one's superior.

基本 ① （先生は） + **Ⓥない** + れます
パターン せんせい

② （先生は） + **Ⓥする** + さ + れます
せんせい

③ （先生は） + **Ⓥない** + られます
せんせい

☐ に入る言葉の例

♩ ① 読まない read、行かない go、思わない think、
よ い おも
話さない speak、買わない buy
はな か

♩ ② 食事する eat、研究する study、指導する educate
しょくじ けんきゅう しどう

♩ ③ 来ない come、見ない see、教えない teach
こ み おし

例のように文を作ってみましょう。

練習

Let's try making a sentence as in the example.

例 この本／読んだことがある／そうだ

⇒ この本を読まれたことがあるそうです。

❶長年／研究している

⇒

❷何／話した／んです？

⇒

❸それを聞いて／どう／思った？

⇒

❹先生／もう／食事は／した／ようだ

⇒

 会話練習

1 リサ ： 先生は何時ごろに来られますか。
　　教授 ： そうですね…。２時ごろになると思います。
　　Risa: Sensē wa nan-ji goro ni koraremasu ka?
　　kyōju: Sō desu ne…. 2-ji goro ni naru to omoimasu.

Lisa: Around what time will you come?
Professor: Let me see... I will arrive around 2 o'clock.

2 リサ ： 京都では、どんなところに行かれましたか。
　　知人 ： いろいろなお寺に行きました。
　　Risa: Kyōto dewa, donna tokoro ni ikaremashita ka?
　　chijin: Iroiro na o-tera ni ikimashita.

Lisa: What kind of places did you visit in Kyoto?
Acquaintance: I visited various temples.

3 ▼「〜する」の尊敬語 _{そんけいご} Honorific language for "**to do ~**"

〜なさる
To do ~

〜 *nasaru*

・・・

どうぞ、心配なさらないでください。
しんぱい

Dōzo, shinpai nasaranaide kudasai.

Please, do not worry.

意味と
使い方

目上の人の動作を表す表現で、「〜します」の尊敬語。
めうえ ひと どうさ あらわ ひょうげん そんけいご
スル動詞の「する」「します」の部分を変化させた言い方。
どうし ぶぶん へんか いかた

Honorific language for "to do ~," used as an expression that indicates the action of one's superior.
A phrasing that takes the 「する」 or 「します」 portion of a suru-verb and changes it.

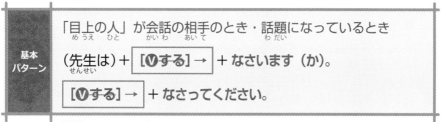

基本
パターン

「目上の人」が会話の相手のとき・話題になっているとき
めうえ ひと かいわ あいて わだい

（先生は）＋ [Ⓥする]→ ＋ なさいます（か）。
せんせい

[Ⓥする]→ ＋ なさってください。

▭ に入る言葉の例

♫ 心配する to worry、出席する to be present、遠慮する to refrain、
しんぱい しゅっせき えんりょ
びっくりする to be surprised、キャンセルする to cancel

例のように文を作ってみましょう。
れい　　　　　　ぶん　つく
Let's try making a sentence as in the example.

練習

例 先生／出席した／そうだ
　　せんせい　しゅっせき

⇒　先生は欠席なさったそうです。

❶ どうぞ／遠慮しないでください
　　　　　　えんりょ

⇒

❷ 先生／結婚している／と思います
　　せんせい　けっこん　　　　　　おも

⇒

❸ ご予約／キャンセルする？
　　よやく

⇒

❹ 少し／緊張している？
　　すこ　きんちょう

⇒

会話練習

---

1 先生：結婚したいと言ったときは、ご両親
　　せんせい　けっこん　　　　い　　　　　　　　　　りょうしん
　　　　もびっくりなさったでしょう。

学生：はい。まだ学生ですから。
がくせい　　　　　　　　がくせい

sensē:Kekkon-shitai to itta toki wa, go-
　ryōshin mo bikkuri nasatta deshō.
gakusē:Hai. Mada gakusē desu kara.

Sensei: Your parents must have been surprised when you said you wanted to get married.
Student: Yes. I'm still a student, after all.

---

2 ルイス：どなたが出席なさるんですか。
　　　　　　　　　　　しゅっせき
　　A社の人：私が出席します。
　　しゃ　ひと　わたし　しゅっせき

Ruisu:Donata ga shusseki nasaru n desu ka?
A-sha no hito:Watashi ga shusseki-shimasu.

Louis: Who will be in attendance?
Person from Company A: I will be present.

42

4 ▼「〜する」の尊敬語 そんけいご

Honorific language for "**to do ~**"

〜される
sareru

To do ~

・・・

その頃は何を研究されていたんですか。
ごろ　なに　けんきゅう

Sono koro wa nani o kenkyū sarete ita n desu ka?

What were you researching at that time?

意味と
使い方

目上の人の動作を表す表現で、「〜します」の尊敬語。
め うえ ひと　どう さ　あらわ ひょうげん　　　　　　　　　そんけいご

スル動詞の「する」「します」の部分を変化させた言い方。
どうし　　　　　　　　　　　ぶぶん　へんか　　　　い かた

Honorific language for "to do ~," used as an expression that indicates the action of one's superior.

A phrasing that takes the 「する」 or 「します」 portion of a suru-verb and changes it.

基本
パターン

（先生は / が）+ **Ⅴする** されます（か）。
せんせい

▢ に入る言葉の例

🔹 食事する eat、予約する make a reservation、旅行する trip、
　 しょく じ　　　　　　よ やく　　　　　　　　　　　りょこう

　 運転する drive
　 うんてん

例

1 先生も心配されたと思います。
　　 せんせい　しんぱい　　　　　おも

Sensē mo shinpai sareta to omoimasu.

Sensei must have been worried too.

---

2 このプロジェクトはいつ計画されたんですか。
　　　　　　　　　　　　　けいかく

Kono purojekuto wa itsu kēkaku sareta n desu ka?

When was this project planned?

---

3 記者：この結果は予想されていましたか。
　　 き しゃ　　　けっ か　よ そう

　　 監督：いえ、全く考えていなかったです。
　　 かんとく　　　　まった　かんが

Kisha: Kono kekka wa yosō sarete imashita ka?

kantoku: Ie, mattaku kangaete inakatta desu.

Reporter: Was this result expected?

Director: No, I wasn't considering this at all.

§2
尊敬語 Honorific language

5 ▼「〜てくれる」の尊敬語
そんけいご

Honorific language for "**to ~**"

お〜くださる／ください

O~kudasaru / kudasau

to~; please ~

しばらくお待ちください。
ま

Shibaraku o-machi kudasai.

Please wait a bit.

意味と
使い方

目上の人の動作を表す表現で、「〜てくれる」の尊敬語。「ください」
めうえ ひと どうさ あらわ ひょうげん そんけいご
は「くださる」の命令形。「お〜ください」は、客への案内の場面を
めいれいけい きゃく あんない ば めん
はじめ、相手に何かをしてほしいときによく使う。
あいて なに つか

Honorific language for 「〜てくれる」to indicate an action taken by someone
above you. 「ください」i s the imperative form of 「くださる」. 「お〜ください」is of-
ten used when you want someone to do something, such as when you are pro-
viding guidance to a customer or guest.

基本
パターン

① (先生は／が) ＋ お [**Ⓥます**] くださる。
せんせい

② お [**Ⓥます**] ください。

☐ に入る言葉の例

🔊 ① 送ります send、話します speak,、待ちます wait
おく はな ま

🔊 ② 待ちます wait、使います use、飲みます drink
ま つか の

例

1 この中からお選びください。
なか えら

Kono naka kara o-erabi kudasai.

Please choose from among
these.

2 先生が丁寧にお話しくださったので、
せんせい ていねい はな
よくわかりました。

Sensē ga tēnē ni o-hanashi kudasatta node, yoku wakarimashita.

Sensei explained it in detail,
so I understood it well.

3 　客　：どこに書けばいいですか。
きゃく か
係の人：こちらにお書きください。
かかり ひと か

kyaku:Doko ni kakeba ī desu ka?
kakari no hito:Kochira ni o-kaki kudasai.

Customer: Where should I
write this?

Receptionist: Please write it
here.

44 6 ▼「くれる」の尊敬語 そんけいご　Honorific language for "**to ~**"

ご〜くださる/ください to~; please ~
Go~kudasaru / kudasai

ぜひ、ご参加 さんか ください。　Please participate.
Zehi, go-sanka kudasai.

意味と使い方

目上の人の動作を表す表現で、「〜てくれる」の尊敬語。
「ください」は「くださる」の命令形。「ご〜ください」は、客への案内の場面をはじめ、相手に何かをしてほしいときによく使う。

Honorific language for 「〜てくれる」 to indicate an action taken by someone above you. 「ください」 is the imperative form of 「くださる」. 「ご〜ください」 is often used when you want someone to do something, such as when you are providing guidance to a customer or guest.

基本パターン

① (先生は / が) ＋ ご Ｖする くださる。
② ご Ｖする ください。

□ に入る言葉の例

①紹介する to introduce、指導する to guide、連絡する to contact
②確認する to confirm、予約する to reserve、報告する to report

例

1 先生がご紹介くださいました。　Sensei introduced me.
Sensē ga go-shōkai kudasai mashita.

2 もう一度ご確認ください。　Please confirm one more time.
Mō ichido go-kakunin kudasai.

3 係の人： 何かあったら、いつでもご連絡ください。
客 ： わかりました。

Receptionist: Please contact us at any time if something comes up.
Customer: Understood.

kakari no hito: Nanika attara, itsudemo go-renraku kudasai.
kyaku: Wakarimashita.

45

7　▼「〜ている」の尊敬語 Honorific language for "**is ~ing**"

〜ていらっしゃる

is ~ing

~te irassharu / ~ de irassharu

先生はもう起きていらっしゃいました。 Sensei was already awake.
Sensē wa mō okite irasshaimashita.

意味と 使い方 「〜ている」の尊敬語。「い」が落ちて「〜てらっしゃる」と言うことが多い。

Honorific language for "is ~ing." The 「い」 is often omitted and 「〜てらっしゃる」 is said.

基本パターン	（先生は）　＋　**Ⓥて**　いらっしゃいます。

　　　　□ に入る言葉の例

◇ 持って holding、 笑って laughing、 読んで reading、 住んで living

例

1 先生は今、京都に住んでいらっしゃいます。 Sensei is living in Kyoto right now.
Sensē wa ima, Kyōto ni sunde irasshaimasu.

2 田中社長は、車を３台持ってらっしゃる そうだ。 President Tanaka seems to own three cars.

Tanaka shachō wa, kuruma o 3-dai motte rassharu sō da.

3 リサ：先生はちょっと怒ってらっしゃるん ですか。 Lisa: Is Sensei a little angry?

知人：いえ、そうじゃないみたいです。 Acquaintance: No, that doesn't seem to be the case.

Lisa: Sensē wa, chotto okotte rassharu n desu ka?
chijin: Ie, sō ja nai mitai desu.

確認ドリル Reinforcement Drills
かくにん

下の１～４の中から、（　　）に合うものを１つ選んでください。

① A：連休は何を（　　　　　）いましたか。
れんきゅう　なに
　 B：九州へ旅行に行きました。
きゅうしゅう　りょこう　い

　　１　いたして　　　２　いらして　　　３　なして　　　　４　なさって

② A：高田さんは、どの方ですか。
たかだ　　　　かた
　 B：青いシャツを（　　　　　）になっている方です。
あお　　　　　　　　　　　　　　　　　　かた

　　１　お召し　　　　２　お越し　　　３　お出でに　　４　おかけに
め　　　　　　　　こ　　　　　　　　い

③ A：お客様は何時ごろ（　　　　）になりますか。
きゃくさま　なんじ
　 B：３時ごろです。
じ

　　１　いらっしゃい　　　　　　　２　いかれ
　　３　おいで　　　　　　　　　　４　おかけ

④ A：山本さんが転勤されること、（　　　　　）でしたか。
やまもと　てんきん
　 B：はい。課長から聞きました。
かちょう　き

　　１　ご確認　　　２　ご覧　　　３　ご紹介　　　４　ご存じ
かくにん　　　　らん　　　　　しょうかい　　　　ぞん

⑤ 社長は今日は、支店に（　　　）そうだ。
しゃちょう　きょう　してん
　　１　なさる　　　　　　　　２　いたす
　　３　いらっしゃる　　　　　４　おっしゃる

⑥ あちらに（　　　　）お待ちください。
ま
　　１　お目にかかって　　　　　２　おかけになって
め
　　３　ご存じになって　　　　　４　ご覧になって
ぞん　　　　　　　　　　　　　らん

⑦ 部長が、明日の会議は中止だと（　　　　）いました。

　　1　いらっしゃって　　　　　　　2　おっしゃって

　　3　なされて　　　　　　　　　　4　亡くなって

⑧ 昨日はたくさんのお客様が（　　　　）になりました。

　　1　いたし　　　2　お召し　　　3　お越し　　　4　いらっしゃい

⑨ この製品の使い方については、当社のホームページを（　　　　）
　ください。

　　1　ご覧　　　　2　ご紹介　　　3　お越し　　　4　お見え

⑩ 今度、私の家に遊びに（　　　　）ください。

　　1　うかがって　　　　　　　　　2　お越して

　　3　見えて　　　　　　　　　　　4　いらっしゃって

確認ドリルの答え

① 4　連休は何を（　なさって　）いましたか。

② 1　青いシャツを（　お召し　）になっている方です。

③ 3　お客様は何時ごろ（　お出で　）になりますか。

④ 4　山本さんが転勤されること、（　ご存じ　）でしたか。

⑤ 3　社長は今日は、支店に（　いらっしゃる　）そうだ。

⑥ 2　あちらに（　おかけになって　）お待ちください。

⑦ 2　部長が、明日の会議は中止だと（　おっしゃって　）いました。

⑧ 3　昨日はたくさんのお客様が（　お越し　）になりました。

⑨ 1　この製品の使い方については、当社のホームページを（　ご覧　）く
　ださい。

⑩ 4　今度、私の家に遊びに（　いらっしゃって　）ください。

1 ▼「訪問する」「訪ねる」の謙譲語
ほうもん　たず　けんじょうご

Humble language for
"**to visit**," "**to go**"

伺う ①
うかが
Ukagau

will visit

一度、ご挨拶に伺いたいと思います。
いちど　あいさつ　うかが　　おも
Ichido, go-aisatsu ni ukagaitai to omoimasu.

I will visit you tomorrow.

意味と
使い方

自分の動作を表す表現で、「訪問する・訪ねる」の謙譲語。
じぶん　どうさ　あらわ　ひょうげん　　ほうもん　たず　けんじょうご
対象として「人」ではなく「場所」をとる。または、目的として
たいしょう　　ひと　　　ばしょ　　　　　　　もくてき
「行為」をとる。助詞も、「を」ではなく「に」を使う。
こうい　　じょし　　　　　　　　　　つか

An expression that indicates one's own actions using humble language for
"to visit," "to go."
Takes a place, not a person as its object. Can also take an action as a goal.
For a particle,「に」is used, not「を」.

基本
パターン

「目上の人」と話すとき
めうえ　ひと　　はな

① (私は/が) ＋ Ⓝ 場所、行為 に ＋ 伺います
わたし　　　　　　ばしょ　こうい　　　　うかが

② (私は/が) ＋ Ⓝを ＋ (お) Ⓥます に ＋ 伺いました
わたし　　　　　じょし　　　　　　　　　　　うかが

☐ に入る言葉の例

♪ ①そちら over there、御社 your company、ご自宅 your home、
おんしゃ　　　　　　じたく
面接 interview、見学 tour、ごあいさつ greeting、
めんせつ　　　けんがく
ご説明 explanation、修理 repair
せつめい　　　　しゅうり

♪ ②受け取ります receive、届けます deliver
う　と　　　　　　とど

練習

例のように文を作ってみましょう。
Let's try making a sentence as in the example.

例 明日／あいさつ／訪問する

⇒ 明日、ごあいさつに伺います。

❶ 午後／そちら／訪問する

⇒ _____

❷ これから／研究室／訪問する

⇒ _____

❸ 午後3時ごろ／修理／訪問する

⇒ _____

❹ 説明／訪問したい／と思う

⇒ _____

 会話練習

---

1 取引先の青木さんと

青　木：弊社にいらっしゃったことはありますか。
ルイス：いえ、まだ伺ったことがありません。

torihikisaki no Aoki-san to
Aoki:Hēsha ni irasshatta koto wa arimasu ka?
Ruisu:Ie, mada ukagatta koto ga arimasen.

With his client
Mr. Aoki
Aoki: Have you been to our company before?
Louis: No, I have not.

---

2 花の配達

花屋：どちらに伺えばよろしいでしょうか。
客　：　5階の受付にいらっしゃってください。
花屋：　わかりました。

hana-ya no haitastu
hana-ya:Dochira ni ukagaeba yoroshī deshō ka?
kyaku: 5-kai no uketsuke ni irasshatte kudasai.
hana-ya:Wakarimashita.

Flower delivery
Florist: Where should I go?
Customer: Please come to reception on the 5th floor.

47 2 ▼「聞く」「尋ねる」の謙譲語 _{き たず けんじょうご} Humble language for **"to hear," "to ask"**

伺う ②
うかが
Ukagau

to ask

お名前を伺ってもよろしいでしょうか。
なまえ うかが
O-namae o ukagatte mo yoroshī deshō ka?
May I ask for your name?

意味と
使い方

自分の動作を表す表現で、「聞きます」「尋ねます」の謙譲語。
じぶん どうさ あらわ ひょうげん き たず けんじょうご
謙譲表現の「おVます」を使った言い方「お伺いします」もよく使
けんじょうひょうげん つか い かた うかが つか
われる。

二重敬語だが、例外的に許容されている。
にじゅうけいご れいがいてき きょよう
An expression that indicates one's own actions using humble language for
"to hear," "to ask."
Also used in the「おVます」form of humble expression as「お伺いします」.
Though this is a doubling of respectful language, it is allowed as an exception.

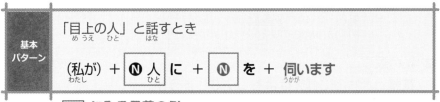

基本
パターン

「目上の人」と話すとき
めうえ ひと はな

(私が) + N 人 に + N を + 伺います
わたし ひと うかが

□ に入る言葉の例

○ (お)名前 name、連絡先 contact information、ご都合 circumstances、
なまえ れんらくさき つごう
そちら there、御社 your company
おんしゃ

82

例のように文を作ってみましょう。
Let's try making a sentence as in the example.

練習

例 住所／聞く／〜てもいい？
⇒ ご住所を伺ってもよろしいでしょうか。

❶連絡先／聞く／〜てもいい？
⇒

❷意見／聞く／〜てもいい？
⇒

❸注文／聞く／〜てもいい？
⇒

❹どちらに／行く／〜たらいい？
⇒

 会話練習

1 オフィスで

部　長：前回は大変だったらしい。
ルイス：はい。その話は伺ったことがあります。

ofisu de

buchō: Zenkai wa taihen datta rashī.
Ruisu: Hai. Sono hanashi wa ukagatta koto ga arimasu.

At the office
General manager: It sounds like there was a lot of work last time.
Louis: Yes, I have heard that as well.

2 オフィスで

ルイス：すみません、ちょっと伺いたいことがあるんですが、今、よろしいでしょうか。
部　長：いいですよ。

ofisu de

Ruisu: Sumimasen,chotto ukagaitai koto ga aru n desu ga, ima, yoroshī deshō ka?
buchō: Ī desu yo.

At the office
Louis: Excuse me, there's something I would like to ask you. Is this a good time?
General manager: It's fine.

(48) 3 ▼「行く」の謙譲語　　　　　Humble language for "**to go**"
　　　　　い　　けんじょうご

参る ①　　　　　　　　　　　　　　**to go**
まい
Mairu

明日、そちらに参ります。
あした　　　　　　まい
Ashita, sochira ni mairimasu.
I will go there tomorrow.

意味と　自分の動作を表す表現で、「行きます」の謙譲語。
使い方　じぶん どうさ あらわ ひょうげん　　　い　　　　けんじょうご
An expression that indicates one's own actions using humble language for "to go."

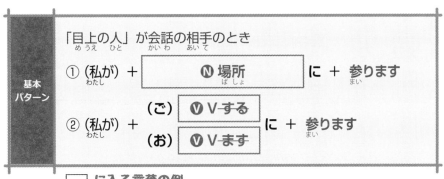

基本
パターン

「目上の人」が会話の相手のとき
　めうえ ひと　　かいわ あいて

① (私が) ＋ 　◉ 場所　　に ＋ 参ります
　わたし　　　　　　ばしょ　　　　　　まい

② (私が) ＋ (ご) ◉ V-する　に ＋ 参ります
　わたし　 (お) ◉ V-ます　　　　　　まい

　□ に入る言葉の例

♪ ① そちら over there、御社 your company
　　　　　　　　　　　　おんしゃ

♪ ② 相談する consult、説明する explan、
　　　そうだん　　　　　せつめい
　　　受け取ります receive、届けます deliver
　　　うけと　　　　　　とど

練習

例のように文を作ってみましょう。
Let's try making a sentence as in the example.

例 明日／見学／行く

⇒ 明日、見学に参ります。

❶ 明日／ご説明／行く
あした　　せつめい　　い

⇒

❷ 近いうちに／ごあいさつ／行きたい／と思う
ちか　　　　　　　　　　　　い　　　　　おも

⇒

❸ 私と田中／手伝う／行く
わたし　たなか　てつだ　い

⇒

❹ 駅まで／迎える／行く
えき　　　むか　　い

⇒

会話練習

---

1 オフィス内の電話
ない　　でんわ

社　長：今、ちょっといいですか。こっちに来
しゃちょう　いま　　　　　　　　　　　　　　　　　き
てほしいんだけど…。

ルイス：わかりました。すぐ参ります。
まい

ofisu nai no denwa

shachō: Ima, chotto ī? Kocchi ni kite hoshī n dakedo⋯.

Ruisu: Wakarimashita. Sugu mairimasu.

In-office phone call
President: Do you have a
moment? I'd like you to
come over here...
Louis: Understood. I will be
right there.

2 取引先との電話
とりひきさき　　でんわ

取引先：どなたが取りにいらっしゃるんですか。
とりひきさき　　　　と

ルイス：私と社長の田中がお受け取りに参りま
わたくし　しゃちょう　たなか　　う　と　　まい
す。

torihikisaki tono denwa

torihikisaki: Donata ga tori ni irassharu n desu ka?

Ruisu: Watashi to shachō no Tanaka ga o-uketori ni mairimasu.

Phone call with a customer
Customer: Who is coming
to get it?
Louis: President Tanaka and
I will be there.

49 **4** ▼「来る」の謙譲語 く けんじょうご

Humble language for "**to come**"

参る ② まい
mairu

to come

初めてこちらに参りました。
はじ まい
Hajimete kochira ni mairimashita.

I came here for the first time.

意味と
使い方 | 自分の動作を表す表現で、「来る」の謙譲語。
じぶん どうさ あらわ ひょうげん く けんじょうご
An expression that indicates one's own actions using humble language for "to come."

基本
パターン |
「目上の人」と話すとき
めうえ ひと はな

① (私は/が) + **Ⓝ 場所** ばしょ に + 参りました まい

② (私は/が) + **Ⓝ** を + （ご）**Ⓥする**
（お）**Ⓥます** に + 参りました まい

▢ に入る言葉の例

① ここ here、こちら this place、東京 this place、見学 Tokyo, tour、
とうきょう けんがく

② 説明する expalin、報告する report
ほうこく
受け取ります receive、届けます deliver
う と とど

練習

例のように文を作ってみましょう。
れい ぶん つく

Let's try making a sentence as in the example.

例 ご説明／来た
せつめい き
⇒ ご説明に参りました。

- -

❶授業の見学／来た
じゅぎょう けんがく き

⇒

- -

❷今日は／一人で／来た
きょう ひとり き

⇒

- -

❸荷物／受け取る／来た
にもつ う と き

⇒

- -

❹サンプル／お／届ける／来た
とど き

⇒

- -

会話練習

1 初めて会う日本人と
はじ あ にほんじん

日本人：どちらからいらっしゃったんですか。
にほんじん
リ　サ：アメリカから参りました。
まい

hajimete au nihon-jin to

nihon-jin: Dohcira kara irasshatta n desu ka?

Risa: Amerika kara mairimashita.

Meeting a Japanese
person for the first time

Japanese person: Where
are you from?

Lisa: I am from America.

2 ピザの宅配
たくはい

店員：ミラノピザです。ご注文の品をお届けに
てんいん ちゅうもん しな とど
参りました。
まい

客　：どうも、ご苦労様です。
きゃく くろうさま

piza no takuhai

*ten'in : Mirano piza desu. Go-chūmon no shina o
todoke ni mairimashita.*

kyaku: Dōmo, gokurosama desu.

Pizza delivery

Employes: This is Milano
Pizza. I'm here with
your order.

Customer: Thank you,
good work.

5 ▼「いる」の謙譲語 けんじょうご | Humble language for "**to be in**"

おる
Oru

to be in

今日はずっと会社におります。
きょう　　　　　　　かいしゃ
Kyō wa zutto kaisha ni orimasu.
I will be at the company all day today.

意味と
使い方
自分の動作を表す表現で、「います」の謙譲語。
じ ぶん どう さ あらわ ひょうげん　　　　　　　　　　けんじょうご
An expression that indicates one's own actions using humble language for "to be in."

➡ 「Ｖております」

基本
パターン

「目上の人」が会話の相手のとき
めうえ ひと　　　　かい わ あいて

（私は） ＋ | Ⓝ 場所 ばしょ | に ＋ おります。
わたし

☐ に入る言葉の例

() 家 home、 会社 company、 東京 Tokyo、 ここ here、 近く nearby
いえ　　　かいしゃ　　　　　　とうきょう　　　　　　　　　　ちか

88

例のように文を作ってみましょう。
Let's try making a sentence as in the example.

練習

例 きのう／家／いた

⇒ きのうは家におりました。

❶ 午後は／家／いる

⇒

❷ 今／駅のそば／いる

⇒

❸ 私／そこには／いなかった

⇒

❹ もうしばらく／ここ／いる

⇒

 会話練習

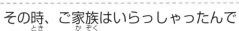

1 先生 ： その時、ご家族はいらっしゃったんですか。

リサ ： いえ、誰もおりませんでした。

sensē: Sono toki, go-kazoku wa irasshatta n desu ka?

Risa: Ie, dare mo orimasen deshita.

Sensei: Was your family there at the time?
Lisa: No, no one was there.

---

2 近所の人 ： その頃、もう日本にいたんですか。

ルイス ： いえ、まだアメリカにおりました。

kinjo no hito: Sono koro, mō Nihon ni ita n desu ka?

Ruisu: Ie, mada Amerika ni orimashita.

Neighbor: Were you in Japan already by then?
Louis: No, I was still in America.

51　6　▼「見る」の謙譲語
み　けんじょうご

Humble language for "**to see**"

拝見する
はいけん
Haiken-suru

to see

お手紙を拝見しました。
て がみ　はいけん
O-tegami o haiken-shimashita.

I saw your letter.

意味と
使い方

自分の動作を表す表現で、「見ます」の謙譲語。
じ ぶん　どう さ　あらわ ひょうげん　み　　けんじょうご
相手が書いたり作ったりしたものや相手の持ち物などを見るときに
あい て　か　　つく　　　　　　　　あい て　も　もの　　　み
使う。
つか

An expression that indicates one's own actions using humble language for "to see."

Used when seeing something that the other party wrote or created, or when watching what she or he is holding, etc.

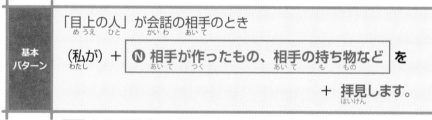

基本
パターン

「目上の人」が会話の相手のとき
め うえ ひと　　かい わ　あい て

(私が) ＋ | ⓝ 相手が作ったもの、相手の持ち物など | を
わたし　　　　あい て つく　　　　　　あい て　も　もの

＋ 拝見します。
はいけん

□ に入る言葉の例

() 手紙 letter、 メール e-mail、 書類 document、 作品 work
て がみ　　　　　　　　　　しょるい　　　　　　さくひん

練習

例のように文を作ってみましょう。
Let's try making a sentence as in the example.

例 メール／見た

⇒ メールを拝見しました。

❶ 書類は／まだ／見ていない

⇒

❷〈入口で〉すみません。／かばんの中／見る

⇒

❸ 写真／見たことがある

⇒

❹〈車掌が〉きっぷ／見る

⇒

 会話練習

---

1 患者：転んだ時に手をけがしちゃったんです。
医者：そうですか。ちょっと拝見しますね。

kanja: Koronda toki ni te o kega shichatta n desu.
isha: Sō desu ka. Chotto haiken-shimasu ne.

Patient: I hurt my hand when I fell.
Doctor: Is that so. Let me take a look.

---

2 パーティー会場で
教授：私のことをご存じでしたか。
リサ：はい。先生の研究に関する記事を拝見したんです。

pāthī kaijō de
kyōju: Watashi no koto o go-zonji deshita ka?
Risa: Hai. Sensē no kenkyū ni kansuru kiji o haiken-shita n desu.

At a party
Teacher: Did you know who I was?
Lisa: Yes. I have seen an article relating to your research.

---

(52) **7** ▼「もらう」「食べる・飲む」「してもらう」の謙譲語
た の けんじょうご

Humble language for "**to receive**," "**to eat/drink**," "to receive help"

いただく
Itadaku

to receive

では、遠慮なくいただきます。
えんりょ
Dewa, enryo naku itadakimasu.
Then I will not hesitate to receive this.

意味と
使い方

自分の動作を表す表現で、「もらいます」の謙譲語。自分にとってあ
じ ぶん どう さ あらわ ひょうげん けんじょうご じ ぶん
りがたいもの、ためになるものを受け取るときに使う。
う と つか

An expression that indicates one's own actions using humble language for "to receive." Used when receiving something you are grateful for or something that is helpful to you.

基本
パターン

「目上の人」が会話の相手のとき／「目上の人」が話題のとき
め うえ ひと かい わ あい て め うえ ひと わ だい

① Ⓝ 物、食べ物、機会、行為など を ＋ いただきます。
もの た もの き かい こう い

「目上の人」が会話の相手のとき
め うえ ひと かい わ あい て

② すみません（が）
／よろしければ、 ＋ お／ご Ⓝ を
＋ いただけないでしょうか。

□ に入る言葉の例

♪ ①プレゼント present、お菓子 snack、お金 money、仕事 work、
か し かね し ごと
機会 opportunity、話 conversation、評価 evaluation
き かい はなし ひょう か

♪ ②時間 time、返事 response、連絡 message、
じ かん へん じ れんらく
電話番号 phone number、名刺 business card
でん わ ばんごう めい し

例のように文を作ってみましょう。
れい　　　　　ぶん　つく

Let's try making a sentence as in the example.

練習

例 これは／先生から／もらった／本だ
　　　せんせい　　　　　　　　ほん

　⇒　これは先生からいただいた本です。
- -

❶ 明日から／１週間／お休み／もらう
　　あした　　　しゅうかん　やす

　⇒ _____

❷ ご注文／もらい／ありがとうございます
　　ちゅうもん

　⇒ _____

❸ 明日までに／お返事／もらえないか
　　あした　　　へんじ

　⇒ _____

❹ いい機会／もらえて／感謝している
　　きかい　　　　　　かんしゃ

　⇒ _____

 会話練習

- -

1 ホストファミリーとの夕食
　　　　　　　　　　　　ゆうしょく

ホストマザー：料理はどうでしたか。
　　　　　　　りょうり

ルイス：はい、おいしくいただきました。

hosuto famirī tono yūshoku
hosutomazā: Ryori wa dō deshita ka?
Ruisu: Hai, oishiku itadakimashita.

Eating dinner with a host family
Host mother: How was the food?
Louis: It was delicious.

- -

2 ルイス：ご相談したいことがあるんですが、
　　　　　　そうだん
　　　　　ちょっとお時間をいただけないで
　　　　　　　　　じかん
　　　　　しょうか。

部　長：いいですよ。
ぶ　ちょう

Ruisu: Go-sōdan-shitai koto ga aru n desu ga,
*　chotto o-jikan o itadakenai deshō ka?*
buchō: Ī desu yo.

Louis: I wanted to ask for your advice. Do you have a moment?
General manager: Go ahead.

- -

93

8 ▼「もらう」の謙譲語 けんじょうご   Humble language for "**to receive**"

頂戴する
ちょうだい
Chōdai-suru

to receive

・・

うれしいお言葉を頂戴して、ありがとうございます。
こと ば　 ちょうだい

Ureshī o-kotoba o chōdai-shite, arigatō goaimasu.

Thank you for saying such wonderful things to me.

意味と
使い方
自分の動作を表す表現で、「もらう」の謙譲語。
じ ぶん どう さ あらわ ひょうげん けんじょう ご

An expression that indicates one's own actions using humble language for "to receive."

★ 同じ意味の「いただく」に比べて、少し硬めで、より改まった感じ
おな　 い み　　　　　　　　 くら　　 すこ かた　　　　　　 あらた　　　 かん
の表現。「いただく」のほうがより広く、日常的に使われる。
ひょうげん　　　　　　　　　　　 ひろ　　 にちじょうてき つか

Somewhat more stiff and formal compared to 「いただく」which has the same meaning. 「いただく」is used more broadly in daily life.

基本 パターン	「目上の人」について話すとき めうえ ひと はな
	(私は/が) ＋ Ｎ を ＋ 頂戴します。 わたし ちょうだい

☐ に入る言葉の例

♫ お菓子 snacks、プレゼント present、言葉 words、賞 prize、
かし こと ば しょう
時間 time
じ かん

例のように文を作ってみましょう。
Let's try making a sentence as in the example.

例 お休み／もらいたい／と思う

⇒ お休みを頂戴したいと思います。

❶ 少し／お時間／もらいたい／と思う

⇒

❷ 皆様から／ご意見／もらいたい／と思う

⇒

❸ もう一度／機会／もらえれば／と思う

⇒

❹ こちらに／お電話／もらえれば／と思う

⇒

  会話練習

---

1 ホテルのフロント

客 ：チェックインをお願いします。
スタッフ：こちらにお名前を頂戴できますか。

hoteru no furonto
kyaku: Chekku-in o onegai-shimatu.
sutaffu: Kochira ni o-namae o chōdai-dekimasu ka.

Front desk of a hotel
Customer: I would like to check in.
Staff: May I please have your name here?

---

2 受賞のあいさつ

リサ： このような賞を頂戴し、誠にありがとう
ございます。

jushō no aisatsu
Risa: Kono yō na shō o chōdai-shi, makoto ni
arigatō gozaimasu.

When receiving an award
Lisa: Thank you so much for awarding me this prize.

賜る
たまわ
Tamawaru

to receive

・・

ご協力を賜り、ありがとうございます。
きょうりょく たまわ
Go-kyōryoku o tamawari, arigatō gozaimasu.
Thank you for offering me your help.

意味と
使い方

自分の動作を表す表現で、「もらう」の謙譲語。具体的なものから抽
じぶん どうさ あらわ ひょうげん　けんじょうご ぐたいてき ちゅう
象的なものまで、広く対象になる。特に話者に対する親切な行為に
しょうてき ひろ たいしょう とく わしゃ たい しんせつ こうい
ついて言うことが多い。
い おお

An expression that indicates one's own actions using humble language for "to
receive." Used in a broad number of topics, from specific to abstract. Often
used when indicating about kind acts performed for the speaker.

基本
パターン

「目上の人」と話すとき
めうえ ひと はな

(私は/が) ＋ **Ⓝを** ＋ 賜ります
わたし たまわ

□ に入る言葉の例

() ご協力 assistance、ご理解 understanding、ご紹介 introduction、
きょうりょく りかい しょうかい
お言葉 words、お時間 time、機会 opportunity、評価 evaluation、
ことば じかん きかい ひょうか
アドバイス advice

練習

例のように文を作ってみましょう。
れい　　　ぶん　つく
Let's try making a sentence as in the example.

§3

謙譲語・丁重語 Humble Language

例 お時間／もらい／ありがとうございます
　じ かん

⇒ お時間を賜り、ありがとうございます。

❶ 貴重な機会／もらい／ありがとうございます
　き ちょう　き かい

⇒

❷ たくさんのご意見／もらい／ありがとうございます
　　　　　　い けん

⇒

❸ 励まし／お言葉／もらい／ありがとうございます
　はげ　　こと ば

⇒

❹ ご理解／もらい／誠に／ありがとうございます
　り かい　　　　まこと

⇒

  会話練習

---

1 リサ：貴重なアドバイスを賜り、ありがとうござ
　　　　き ちょう　　　　たまわ
　　　いました。

　教授：いえいえ。そんな大したことは言ってませ
　きょうじゅ　　　　　　たい　　　　　　い
　　　んよ。

Lisa: Thank you for giving me your valuable advice.
Teacher: Not at all. It is not a big deal.

Risa: Kichō na adobaisu o tamawari, arigatō gozaimashita.
kyōju: Ieie. Sonna taishita koto wa itte masen yo.

---

2 スピーチ

　ルイス：ただ今、ご紹介を賜りましたルイスです。
　　　　　いま　　しょうかい　たまわ
　　　　本日はお忙しい中、お集まりいただき、
　　　　ほんじつ　いそが　なか　あつ
　　　　ありがとうございます。

Speech
Louis: I am Louis, who was introduced just now. Thank you for taking time out of your busy schedules to gather here today.

supīchi

Ruisu: Tada ima, go-shōkai o tamawarimashita Ruisu desu. Honjitsu wa o-isogashī naka, o-atsumari itadaki, arigatōgozaimasu.

---

(55) **10** ▼「あげる」の謙譲語　　　Humble language for "**to give**"
けんじょうご

差し上げる
さ　　あ
Sashiageru

to give

. . . .

割引券を差し上げます。
わりびきけん　さ　あ
Waribiki-ken o sashiagemasu.
I will send you a discount coupon.

意味と
使い方

自分の動作を表す表現で、「あげる」の謙譲語。
じぶん　どうさ　あらわ ひょうげん　　　　　　　　けんじょうご
An expression that indicates one's own actions using humble language for "to receive."

★ 自分のほうが立場が上だったり、相手が利益やメリットを受け取
じぶん　　　　たちば　うえ　　　　あいて　りえき　　　　　　う　と
ることが明らかなときに使われる。使い方に注意が必要。
あき　　　　　つか　　つか　かた ちゅうい ひつよう
Used when you are above somebody, or when they are clearly the one profiting. Requires care when using.

基本
パターン

「目上の人」と話すとき
めうえ　ひと　はな

（私は/が）＋ **N**を ＋ 差し上げます
わたし　　　　　　　　　　　さ　あ

☐ に入る言葉の例

記念品 souvenir、プレゼント present、メール e-mail、
きねんひん
お電話 phone call、ご連絡 message
でんわ　　　　　　　れんらく

練習

例のように文を作ってみましょう。
Let's try making a sentence as in the example.

例 受付で／記念品／あげております
うけつけ　　きねんひん

　⇒　受付で記念品を差し上げております。

❶ ご来店の皆様／商品サンプル／あげております
らいてん　みなさま　しょうひん

　⇒ --

❷ 1000円分／お買い物券／あげる
えんぶん　　か　ものけん

　⇒ --

❸ 今／ご入会の方に／割引券／あげております
いま　にゅうかい　かた　わりびきけん

　⇒ --

❹ ご希望の方には／詳しい資料／あげる
きぼう　かた　　くわ　　しりょう

　⇒ --

会話練習

---

1 入口で
いりぐち

リ　サ：これは何ですか。
　　　　　　　　なん

係の人：ご来場の皆様に粗品を差し上げております。
かかり　ひと　らいじょう　みなさま　そしな　さ　あ

Lisa: What is this?
Person in charge: We are giving out souvenirs to visitors.

iriguchi de

Risa: Korewa nan desu ka?

kakari no hito: Go-raijō no mina-sama ni soshina o sashiagete orimasu.

---

2 電話で
でんわ

教授：ちょっと頼みたいことがあるんだけど、5時
きょうじゅ　　　たの　　　　　　　　　　　　　じ
　　　ごろ電話くれないかなあ。
　　　　　でんわ

リサ：かしこまりました。では、5時にお電話を差
　　　　　　　　　　　　　　　じ　　でんわ　さ
　　　し上げます。
　　　あ

Professor:
　　　so please give me a call again around 5 o'clock.
Lisa: Understood. I will give you a call at 5 o'clock.

denwa de

kyōju: Chotto tanomitai koto ga aru n da kedo, go-ji goro denwa kurenai ka nā.

Risa: kashikomarimashita. Dewa, 5-ji ni o-denwa o sashiagemasu.

（56）**11** ▼「言う」の謙譲語　　　　Humble language for "**to say**"
　　　　　　い　　けんじょうご

申す
もう
Mōsu

to say

・・・

私はそう申しました。
わたし　　もう
Watashi wa sō mōshimashita.

That is what I said.

意味と
使い方

自分の動作を表す表現で、「言います」の謙譲語。「言う」という動
じぶん　どうさ　あらわ ひょうげん　　　　　い　　　　けんじょうご　　　　　い　　　　　　どう
作に重点が置き、丁寧に述べる表現。
さ　じゅうてん　お　　ていねい　の　ひょうげん
これに似た「申し上げる」は、自分の行為が向く対象を意識したもので、
に　もう　あ　　　　じぶん　こうい　む　たいしょう　いしき
より敬意が強い表現。
けいい　つよ　ひょうげん

An expression that indicates one's own actions using humble language for "to say." A polite expression that places heavy weight on the action of "saying." The similar word,「申し上げる」is used when speaking about the object of your actions and is more honorific.

基本
パターン

「目上の人」と話すとき
めうえ　ひと　　はな

① （私は/が）| 文 | と ＋ 申しました / 申しています / 申します。
わたし　　　 ぶん　　　 もう　　　　 もう　　　　　 もう

② （私は/が）| Ⓡ | ＋ 申します。
わたし　　　　　　 もう

③ （私は/が）| Ⓝ | を ＋ 申します。
わたし　　　　　　　　 もう

④ （私は/が）| Ⓝ 名前 | と ＋ 申します。
わたし　　　　 なまえ　　　 もう

★「[N₁] と申す [N₂]」の形もよく使われる。　例 田中という人
もう　　　　　　 かたち　　 つか　　　　　　　 たなか　　　 ひと

□ に入る言葉の例

♪ ① 賛成だ I agree、それは難しい that is difficult
さんせい　　　　　　　　 むずか

♪ ② いつも always、はっきり clearly、そう that

♪ ③ 意見 opinion、結果 result　　　　♪ ④ 田中 Tanaka
いけん　　　　 けっか　　　　　　　　　　 た なか

例のように文を作ってみましょう。
Let's try making a sentence as in the example.

練習

(例) 正直に／言う

　⇒ 正直に申します。

❶では、／簡単に／言う

　⇒ _____

❷私／まだ、わからない／言っただけだ

　⇒ _____

❸そんなことは／言わない

　⇒ _____

❹父は／いつも／そう／言っている

　⇒ _____

会話練習

---

1 自己紹介

リサ：ジョーンズと申します。よろしくお願い
　　　いたします。

教授：大谷です。よろしくお願いいたします。

jikoshōkai

Risa:Jōnzu to mōshimasu. Yoroshiku onegai-itashimasu.

kyōju:Ōtani desu. Yoroshiku onegai-itashimasu.

Self-introduction
Lisa: My name is Jones. Nice to meet you.
Instructor: I am Ohtani. Nice to meet you.

---

2 会議で

部　長：ルイスさんはどう思いますか。

ルイス：先ほど申しましたとおり、可能性は
　　　　十分あると思います。

kaigi de

buchō: Ruisu-san wa dō omoimasu ka?

Ruisu: Sakihodo mōshimashita tōri, kanōsē wa jūbun aru to omoimasu.

At a meeting
Generla manager: What do you think, Louis-san?
Louis: As I said earlier, I believe it is quite possible.

57 | 12 ▼「言う」の謙譲語 い けんじょうご　　Humble language for "**to say**"

申し上げる
もう　　あ
Mōshiageru

to say

先生にそのように申し上げました。
せんせい　　　　　　　　もう　あ
Sensē ni sono yō ni mōshiagemashita.
That is what I told Sensei.

意味と
使い方
自分の動作を表す表現で、「言います」の謙譲語。話の相手をしっか
じぶん どうさ あらわ ひょうげん　　い　　　けんじょうご　はなし あいて
り意識した表現で、「上げる」にさらに目上の人への敬意が表れている。
いしき ひょうげん　　あ　　　　　　　めうえ ひと　けいい あらわ
An expression that indicates one's own actions using humble language for
"to say." An expression that firmly keeps in mind the person being spoken to.
「上げる」adds further respect to a superior.

基本
パターン

「目上の人」と話すとき
めうえ ひと　　はな

① (私は/が) [文] と ＋ 申し上げました /- ます /- ています。
わたし　ぶん　　　　　　　もう あ

② (私は/が) [R] ＋ 申し上げます。
わたし　　　　　　もう あ

③ (私は/が) [N] を ＋ 申し上げます。
わたし　　　　　　もう あ

④ (私は/が) [N]社交辞令に関する語 を ＋ 申し上げます。
わたし　　　しゃこうじれい かん ご　　　　もう あ

　　☐ に入る言葉の例
　　　　　　　　ことば れい

♪① 賛成だ I agree、それは難しい that is difficult
　　さんせい　　　　　　　　むずか

♪② いつも always、はっきり clearly、そう that

♪③ 意見 opinion、結果 result、ご挨拶 greeting、お礼 thanks、
　　いけん　　　　けっか　　　　あいさつ　　　　　れい
　　お見舞い inquiry、お祝い celebration
　　みま　　　　　　　いわ

♪④ ご挨拶 greeting、お礼 thanks、感謝 gratitude、お見舞い inquiry、
　　あいさつ　　　　れい　　　　かんしゃ　　　　　　みま
　　お祝い celebration
　　いわ

練習

例のように文を作ってみましょう。
Let's try making a sentence as in the example.

例 はっきり／言う

⇒　はっきり申し上げます。

❶ 意見／言った

⇒

❷ ちょっと／言いたいこと／ある

⇒

❸ ご協力をお願いします／と言った

⇒

❹ すみません／私からは／言えない

⇒

会話練習

1 会議で

部　長：ルイスさんはどう思いますか。

ルイス：はい…。申し上げにくいのですが、中止したほうがいいと思います。

kaigi de

buchō: Ruisu-san wa dō omoimasu ka?

Ruisu: Hai…. Mōshiage nikui no desu ga, chūshi-shita hō ga ī to omoimasu.

At a meeting

General manager: What do you think, Louis-san?

Louis: Well… It is difficult for me to say this, but I think it would be better to cancel it.

2 イベントで

代表者：この場を借りて※、皆様にお礼を申し上げます。ご協力ありがとうございました。

ibento de

daihyōsha: Kono ba o karite※, mina-sama ni o-rē o mōshiagemasu. Go-kyōryoku arigatō gozaimashita.

At an event

Representative: I would like to take this opportunity to thank you all. Thank you for your assistance.

※この場を借りて：「この機会に」という意味の決まり文句。
Konoba o karite: A set phrase used to mean "this chance."

(58) **13** ▼「知る」「知っている」の謙譲語 し し けんじょうご

Humble language for "**to know,**" "**I know**"

存じる ①
ぞん
Zonjiru

to know

・・・

そのことについては、存じております。
ぞん
Sonokoto ni tsuite wa, zonjite orimasu.
I know about that.

意味と
使い方

自分の動作を表す表現で、「知る」「知っている」の謙譲語。「存じる」
じぶん どうさ あらわ ひょうげん し し けんじょうご ぞん
は、「思う」の丁寧な言い方としても使われる。
おも ていねい い かた つか

An expression that indicates one's own actions using humble language for "to know," "I know."「存じる」is also used as a polite form of "to think."

これに似た「存じ上げる」は、敬意の対象が意識されたもので、より
に ぞん あ けいい たいしょう いしき
敬意の強い表現。
けいい つよ ひょうげん

The similar「存じ上げる」is used when speaking about someone respected, making it a more honorific expression.

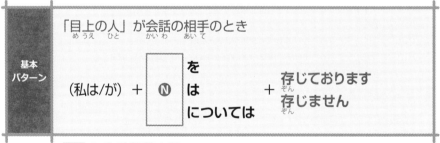

基本
パターン

「目上の人」が会話の相手のとき
めうえ ひと かいわ あいて

（私は/が） ＋ **Ⓝ** ＋ を／は／については ＋ 存じております
ぞん
存じません
ぞん

☐ に入る言葉の例

() ～こと、それ that

例のように文を作ってみましょう。
Let's try making a sentence as in the example.

練習

例 場所は／知っていた

⇒ 場所は存じておりました。

❶ 名前は／知っていた

⇒

❷ それ／知らない

⇒

❸ その件については／すでに／知っている

⇒

❹ 詳細／よく／知らない

⇒

会話練習

1 パーティー会場で

相手：渋滞がひどくて、ここまで来るのが
大変でした。

リサ：私もです。詳しくは存じませんが、
事故があったようです。

pāthī kaijō de

*chijin:Jūtai ga hidokute, koko made kuru no ga
taihen deshita.*

*Risa:Watashi mo desu. Kuwashiku wa
zonjimasen ga, jiko ga atta yō desu.*

At a party
Conversation partner: The traffic
was awful and it was hard to
get here.
Lisa: Me too. I don't know the
details, but it seems there
was an accident.

2 A社の人：うちの製品はご存じでしたか。
ルイス　：はい、よく存じております。

*A-sha no hito:Uchi no sēhin wa go-zonji
deshita ka?*

Ruisu:Hai, yoku zonjite orimasu.

Person from Company A: So
you're aware of our products?
Louis: Yes, I know them well.

存じる ② ぞん

Zonjiru

to think

・・・・・・・・・・・・・・・・・・・・・・・・・・・・・・・・・・

お忙しいと存じますが、ぜひご協力ください。 ぞん きょうりょく

O-isogashī to zonjimasu ga, zehi, go-kyōryoku kudasai.

I know you're busy, but please assist us.

意味と
使い方

自分の動作を表す表現で、「思う」「思っている」の謙譲語。取引先 じぶん どうさ あらわ ひょうげん おも おも けんじょうご とりひきさき
や客などを対象にした、改まった言い方。 きゃく たいしょう あらた い かた
「存じる」は、「知る」「知っている」の意味でも使われる。 ぞん し し い つか

An expression that indicates one's own actions using humble language for "to think," "am thinking." A formal term used when speaking about clients or customers.
「存じる」can also be used to mean "to know," "I know."

基本 パターン	「目上の人」が会話の相手のとき めうえ ひと かいわ あいて
	① (私は/が) + (お/ご) A/NA と + 存じます / 存じております わたし ぞん ぞん
	② (私は/が) + V たく / たいと + 存じます わたし ぞん

□ に入る言葉の例

♪ ① 忙しい、心配 いそが しんぱい

♪ ② お伺いしたく would like to visit 、 うかが

お返事いただきたく would like you to reply へんじ

練習

例のように文を作ってみましょう。
Let's try making a sentence as in the example.

例 お願いしたい／と思う

⇒ お願いしたいと存じます。

❶ ごあいさつに／伺いたい／と思う

⇒

❷ 参加したい／と思う

⇒

❸ 見ていただきたい／と思う

⇒

❹ 努力していきたい／と思う

⇒

 会話練習

1 リサ： お忙しいとは存じますが、ぜひお越しください。

教授： わかりました。出席するようにします。

Risa: O-isogashī towa zonjimasu ga, zehi o-koshi kudasai.

kyōju: Wakarimashita. Shusseki-suru yō ni shimasu.

Lisa: I know you're busy, but please come by.
Teacher: Understood. I will be in attendance.

2 リサ： 一度、そちらに伺いたいと存じます。

教授： そうですか。いつでもどうぞ。

Lisa: Ichido, sochira ni ukagaitai to zonjimasu.

Kyōju: Sō desu ka. Itsudemo dōzo.

Lisa: I'd like to pay you a visit.
Instructor: Is that so? Please feel free to any time.

(60) **15** ▼「知る」「知っている」の謙譲語 _{し けんじょうご}

Humble language for **"to know,"** **"I know"**

存じ上げる
_{ぞん あ}
Zonjiageru

to know

- -

大谷先生は存じ上げております
_{おおたにせんせい ぞん あ}
Ōtani sensē wa zonjiagete orimasu.

I know Otani-sensei.

意味と
使い方

自分の動作を表す表現で、「知る」「知っている」の謙譲語。人につ
_{じ ぶん どう さ あらわ ひょうげん し し けんじょうご ひと}
いて述べる場合に使う。
_{の ば あい つか}

An expression that indicates one's own actions using humble language for "to know," "I know." Used when speaking about people.

★「存じる」も「知る」「知っている」の意味だが、人以外のさまざ
_{ぞん し し いみ ひと い がい}
まな事物に使われる。また、敬意の度合いが「存じ上げる」ほど
_{じ ぶつ つか けい い ど あい ぞん あ}
高くない。
_{たか}

「存じる」also means "to know," "I know," but can also be used for many things other than people. Also, its level of formality is not as high as 「存じ上げる」.

基本
パターン

「目上の人」が会話の相手のとき
_{め うえ ひと かい わ あい て}

(私は/が) + $\boxed{\text{N}}$ を + 存じ上げます / ております
_{わたし} _{ぞん あ}

☐ に入る言葉の例

() 先生 teacher、あの方 that person
_{せんせい} _{かた}

例のように文を作ってみましょう。
Let's try making a sentence as in the example.

練習

例 森先生は／知っている
もりせんせい　し

⇒ 森先生は存じ上げております。

❶ 青木先生は／よく／知っている
あおきせんせい　　　し

⇒

❷ どなたも／知らない
し

⇒

❸ 前から／知っていた
まえ　　し

⇒

❹ この方／については／あまり／知らない
かた　　　　　　　　　　　　　し

⇒

会話練習

1 知人：あそこにいらっしゃる方をご存じですか。
ちじん　　　　　　　　　　　　　かた　　ぞん
　　リサ：いえ、存じ上げません。
　　　　　　　　　ぞん　あ

chijin: Asoko ni irassharu kata o go-zonji desu ka?
Risa: Ie, zonjiagemasen.

Acquaintance: Do you know the person over there?
Lisa: No, I don't know him.

2 リサ：もちろん、大谷さんのこと[※]は存じ上げて
　　　　　　　　　　おおたに　　　　　ぞん　あ
　　　　おりました。
　　大谷：そうですか。ありがとうございます。
　　おおたに

Risa: Mochiron, Ōtani-san no koto wa zonjiagete orimashita.
Ōtani: Sō desu ka. Arigatō gozaimasu.

Lisa: I of course knew you, Ohtani-san.
Ohtani: Is that so. Thank you very much.

※ 人について述べるときは、婉曲的なニュアンスをを含む「〜のこと」を使うことも多い。
ひと　の　　　　　　　　　　えんきょくてき　　　　　　　　ふく　　　　　　　　つか　　　　　おお
When using this to speak about a person, 「〜のこと」, which has a roundabout nuance, is also often used.

例❶ 先生のことは本で知りました。
せんせい　　　　　ほん　し
Sensē no koto wa hon de shirimashita.
I learned about Sensei from a book.

例❷ 彼のことが好きなんですか。
かれ　　　　　す
Kare no koto ga suki na n desu.
Do you like him?

61 **16** ▼「します」の謙譲語 けんじょうご Humble language for "**will do**"

いたす will do
Itasu

- -

後ほど確認をいたします。
のち　　　かくにん
Nochihodo kakunin o itashimasu.
I will check later.

意味と
使い方

自分の動作を表す表現で、「します」の謙譲語。相手に対して何かの
じぶん　どうさ　あらわ　ひょうげん　　　　　　　　　　けんじょうご　あいて　たい　　なに
説明をするときによく使う。
せつめい　　　　　　　　　つか
似た表現でスル動詞を使ったものがあり、両者に大きな差はない。
に　ひょうげん　　　どうし　つか　　　　　　　　　　りょうしゃ　おお　　さ
相手に対して、より恐縮した言い方が「～させていただきます」。
あいて　たい　　　　　　きょうしゅく　い　かた

An expression that indicates one's own actions using humble language for "will do."
Often used when explaining something to somebody.
A suru-verb is used in a similar expression, and there is little difference between the two.
A more humble way to say this to someone is「～させていただきます」.

| 基本
パターン | 「目上の人」が会話の相手のとき
めうえ　ひと　　かいわ　あいて
（私が）＋ **Ⓝを** ＋ いたします。
わたし |

▢ に入る言葉の例

◌ 手配 arrangements、準備 preparations、お願い request、
てはい　　　　　　　じゅんび　　　　　　　　　　ねが
努力 effort、確認 confirmation、説明 explanation
どりょく　　　かくにん　　　　　　　　　せつめい

練習

例のように文を作ってみましょう。
Let's try making a sentence as in the example.

例 すぐに／用意／する

⇒ すぐに用意をいたします。

❶ これから／もっと／努力／する

⇒

❷ 取り扱いには／十分／注意／する

⇒

❸ コピーは／私／する

⇒

❹ 皆様に／以下の／お願い／する

⇒

  会話練習

---

1 オフィスで

ルイス：では、会場の予約は私がいたします。

部長：うん、そうしてくれる？

ofisu de

Ruisu:Dewa, kaijō no yoyaku wa watashi ga itashimasu.

buchō:Un, sō shite kureru?

At the office

Louis: Then I will reserve the location.

General manager: Yes, could you please do that?

---

2 ルイス：地下ホールを借りたいのですが、9月の土曜日で空いている日はありますか。

係の人：確認をいたしますので、少々お待ちください。

Ruisu:Chika hōru o karitai no desu ga, 9-gatsu no doyōbi de aite iru hi wa arimasu ka?

kakari no hito:Kakunin o itashimasu node, shōshō o-machi kudasai.

Louis: I would like to rent the underground hall, but are there any open dates on a Saturday in September?

Receptionist: I will check, please wait a moment.

---

62 **17** ▼「させてもらう」の謙譲語　Humble language for "**to allow to do**"
けんじょうご

させていただく
to allow to do

Sasete itadaku

これからご説明をさせていただきます。
せつめい

Korekara go-setsumē sasete
itadakimasu.

I will now give an explanation.

意味と　自分の動作を表す表現で、「させてもらう」の謙譲語。「自分の側が
使い方　じぶん どうさ あらわ ひょうげん　けんじょうご　じぶん がわ
する」ということを相手や第三者に許可してもらい、ある物事をする
あいて だいさんしゃ きょか　ものごと
ことを表す表現。許可を受ける形をとることで、控えめの態度を表す。
あらわ ひょうげん きょか う かたち　ひか たいど あらわ

An expression that indicates one's own actions using humble language for "to
allow to do." An expression used to indicate doing something yourself after re-
ceiving permission from someone or a third party. Shows a modest attitude by
way of receiving permission.

基本　「目上の人」と話すとき
パターン　めうえ ひと はな

（私の方で）＋ Ⓝ を ＋ させていただきます
わたし ほう

🔲 に入る言葉の例

ご紹介 introduction、ご挨拶 greeting、ご案内 guidance、
しょうかい　あいさつ　あんない
ご報告 report、ご提案 proposal、お電話 phone call、お返事 reply
ほうこく　ていあん　でんわ　へんじ

練習

例のように文を作ってみましょう。
れい　　　　　ぶん　つく

Let's try making a sentence as in the example.

例 皆様／紹介／する
　みなさま　しょうかい

　⇒ 皆様にご紹介をさせていただきます。

❶ 簡単に／報告／する
　かんたん　ほうこく

　⇒ _____

❷ 私から／電話／する
　わたし　でん わ

　⇒ _____

❸ １週間以内／返事／する
　しゅうかん い ない　へん じ

　⇒ _____

❹ しっかりと／準備／する
　　　　　　じゅん び

　⇒ _____

会話練習

---

1 サービスカウンターで

客 ：申し込みの方法がよくわからないんですが…。
きゃく　もう こ　ほうほう

店員：わかりました。では、最初からご説明をさせ
てんいん　　　　　　　　　　さいしょ　　　せつめい
　　　ていただきます。

sābisu kauntā de

*kyaku:Mōshikomi no hōhō ga yoku wakaranai n desu
　ga….*

*ten'in:Wakarimashita. Dewa, saisho kara go-setsumē o
　sasete itadakimasu.*

At a service counter
Customer:
　I'm unsure of how
　to apply...
Employee:
　Understood.
　Then allow me to
　explainf rom the
　beginning.

---

2 開会のあいさつ
　　かいかい

司会：本日の司会をさせていただきますルイスです。
しかい　ほんじつ　しかい
　　　どうぞよろしくお願いいたします。
　　　　　　　　　　　ねが

kaikai no aisatsu

*shikai:Honjitsu no shikai o sasete itadakimasu Ruisu
　desu. Dōzo yoroshiku onegai-itashimasu.*

Opening greeting
Moderator:
　I am Louis, and
　I will be today's
　moderator. Thank
　you for coming.

63 18 ▼「聞く」「引き受ける」の謙譲語 Humble language for "**to hear**,"
き ひ う けんじょうご "**to receive**"

承る **to receive**
うけたまわ
Uketamawaru

ご注文を 承 ります。
ちゅうもん うけたまわ
Go-chūmon o uketamawarimasu.
I will take your order.

意味と 自分の動作を表す表現で、「謹んで話を聞く」「伝え聞く」「(注文や申
使い方 じぶん どうさ あらわ ひょうげん つつし はなし き つた き ちゅうもん もう
し込みを) 受け付ける」「(依頼や要望を) 引き受ける」の謙譲語。
こ う つ いらい ようぼう ひ う けんじょうご

An expression that indicates one's own actions using humble language for "to
carefully hear," "to learn," "to receive (an order or proposal), or "to take on (a
request)."

基本 パターン	「目上の人」と話すとき めうえ ひと はな (私は/が) + N を + 承ります わたし うけたまわ

☐ に入る言葉の例

() ご注文 order、 ご予約 reservation、 返品 return、
ちゅうもん よやく へんぴん
交換 exchange、 ご用件 business、 ご伝言 message、
こうかん ようけん でんごん
ご質問 question、 ご要望 request、 話 conversation
しつもん ようぼう はなし

114

例のように文を作ってみましょう。
Let's try making a sentence as in the example.

練習

（例）ご予約／7月20日から／受け付ける
⇒ ご予約は7月20日から承ります。

❶ キャンセル／こちら／受け付ける
⇒

❷ お申し込み／メールでも／受け付ける
⇒

❸ ご伝言／引き受ける
⇒

❹ ご依頼／件／引き受けた
⇒

  会話練習

1 リサ： 昨日 承ったお話は、中止になる可能性も
ありますか。
先生： ゼロではないけど、ほとんどないですね。

*Risa: Kinō uketamawatta o-hanashi wa, chūshi ni
naru kanōsē mo arimasu ka?*
sensē: Zero dewa nai kedo, hotondo nai desu ne.

Lisa: Is there a chance
that what you told me
about yesterday will
be canceled?
Sensei: While the
chances are not zero,
there is very little
chance.

2 カフェで
店員： ご注文を承ります。
客 ： アイスコーヒーをお願いします。
店員： かしこまりました。

kafe de
ten'in: Go-chūmon o uketamawarimasu.
kyaku: Aisukōhī o onegai-shimasu.
ten'in: Kashikomarimashita.

At a café
Waiter: May I take your
order?
Customer: I would like an
iced coffee.
Waiter: Understood.

64 **19** ▼「わかる」「了承する」の謙譲語 りょうしょう けんじょうご Humble language for "to understand," "to be aware"

承知いたす
しょう ち
Shōchi-itasu

to be understand, to be aware

その件は承知いたしております。
けん しょう ち

Sono ken wa shōchi-itashite orimasu.

I am aware of that situation.

意味と
使い方

自分の動作を表す表現で、「わかる（事情を知る・理解する）」「（依頼
じ ぶん どう さ あらわ ひょうげん　　　　　　　　　　じ じょう し　　り かい　　　　　　　　　い らい
や要求、指示などを）了承する、引き受ける」の謙譲語。「承知」＋
ようきゅう し じ　　　　　　りょうしょう　　ひ う　　　　　　　けんじょうご　しょう ち
謙譲語「いたす」の形※。
けんじょうご　　　　　かたち

※一般に使われることが多い表現のため、取り上げました。
いっぱん つか　　　　　　　　おお ひょうげん　　　　　と あ

An expression that indicates one's own actions using humble language for "understand (to know or understand a situation)," "to acknowledge, to accept (a request, an instruction, etc.)." A form combining 「承知」 with the humble 「いたす」.
* Introduced here as it is often used as a general expression.

基本
パターン

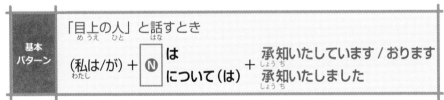

「目上の人」と話すとき
め うえ ひと　　　　はな

（私は/が）＋ Ⓝ は ／について（は） ＋ 承知いたしています / おります
わたし しょう ち ／ 承知いたしました
しょう ち

□ に入る言葉の例

◉ それ it、～であること that it's ～

例のように文を作ってみましょう。
Let's try making a sentence as in the example.

練習

例 内容は／知っている
ないよう　し

⇒ 内容は承知しています。

❶ そのこと／については／知っている
し

⇒

❷ 容易でないことは／知っている
よう　い　　　　　　　　　し

⇒

❸ ご依頼の件／わかった
い らい　けん

⇒

❹ ご指示いただいたことは／わかった
し　じ

⇒

会話練習

---

1 オフィスで

部　長：じゃ、明日持っていく資料、よろしくね。
ぶ ちょう　　　　あした も　　　　　　　しりょう

ルイス：承知いたしました。
しょう ち

ofisu de

buchō: Ja, ashita motte iku shiryō, yoroshiku ne.

Ruisu: Shōchi-itashimashita.

At the office

General manager:
Please take care of
the materials we are
bringing tomorrow,
then.

Louis: Understood.

---

2 取引先：こういう内容でよろしいですか。
とりひきさき　　　　　　　　ないよう

ルイス：ちょっと待ってください。私が承知いた
ま　　　　　　わたし　しょう ち

している内容と少し違います。
ないよう　すこ　ちが

torihikisaki: Kōiu naiyō de yoroshī desu ka?

*Ruisu:C hotto matte kudasai. Watashi ga shōchi-
itashite iru naiyō to sukoshi chigaimasu.*

Client: Is this acceptable?

Louis: Please wait a
moment. This is
slightly different from
my understanding of
the details.

---

20 ▼「わかりました」「承知しました」の謙譲語
けんじょうご

Humble language for "understood,"

かしこまりました

understood

Kashikomarimashita

かしこまりました。

Kashikomarimashita.

Understood.

意味と
使い方

自分の動作を表す表現で、「（指示や注文などへの返事としての）わか
じぶん どうさ あらわ ひょうげん しじ ちゅうもん へんじ
りました」「承知しました」の謙譲語。「承知いたしました」と同じ
しょうち けんじょうご しょうち おな
意味。夕形で使われる定型の表現で、客や依頼先などに使われる。
いみ けい つか ていけい ひょうげん きゃく いらいさき つか

An expression that indicates one's own actions using humble language for "Understood (as a reply to an instruction or order)." Has the same meaning as 「承知いたしました」. A fixed expression in ta-form used with customers and clients.

基本
パターン

Ⓝについては　かしこまりました。

例

1 カフェで

客　：飲み物のメニューをお願いします。
きゃく の もの ねが
店員：かしこまりました。
てんいん

kafe de

kyaku: Nomimono no menyū o onegai-shimasu.

ten'in: Kashikomarimashita.

At a café
Customer:
　Drink menu, please.
Employee:
　Understood.

---

2 依頼先：じゃ、メールでいいので、詳しい
いらいさき くわ
　　　　資料を送ってもらえますか。
しりょう おく
ルイス：かしこまりました。

iraisaki: Ja, mēru de ī node, kuwashī shiryō o
okutte moraemasu ka?

Ruisu: Kashikomarimashita.

Client: In that case, could you please send me detailed materials? E-mail is fine.

Louis: Understood.

66 **21** ▼「会う」の謙譲語（あ）（けんじょうご）

Humble language for "**to meet**"

お目にかかる
（め）

to meet

O-me ni kakaru

先日、森先生に初めてお目にかかりました。
（せんじつ）（もりせんせい）（はじ）（め）
Senjitsu, Mori-sense ni hajimete omenikakarimashita.
I met Mori-sensei for the first time the other day.

意味と
使い方

「会う」の謙譲語。目上の人に会うことを「相手の視野に自分が入る」
（あ）（けんじょうご）（めうえ）（ひと）（あ）（あいて）（しゃ）（じぶん）（はい）
と控えめに表現したもの。
（ひか）（ひょうげん）

Humble language for "to meet." Expresses meeting someone above oneself in a modest way by saying that you "entered into their field of vision."

基本
パターン

Ⓝ 人 に ＋ お目にかかります。
（ひと）（め）

▢ に入る言葉の例

() 先生 Sensei、 社長 president、 皆様 everyone
（せんせい）（しゃちょう）（みなさま）

例

1 社長様には、まだお目にかかったことがあり
（しゃちょうさま）（め）
ません。

I have yet to meet the company president.

Shachō-sama niwa mada o-me ni kakatta koto ga arimasen.

2 お目にかかれて、うれしいです。
（め）

I'm happy to get the chance to meet you.

O-me ni kakrete ureshī desu.

3 先生： リサさん！
（せんせい）
リサ： 先生！ こんなところでお目にかかる
（せんせい）（め）
とは思いませんでした。
（おも）

Sensei: Lisa-san!
Lisa: Sensei! I never thought I would meet you in a place like this.

sensē:Risa-san!
Risa:Senē! Konna tokoro de o-me ni kakaru towa omoimasen deshita.

22 ▼ 「読む」の謙譲語 よ　　けんじょうご　　　　　　　　　Humble language for **"to read"**

拝読する
はいどく
Haidoku-suru

to read

・・・・・・・・・・・・・・・・・・・・・・・・・・・・・・・・・・・

お手紙を拝読しました。
　　　　はいどく
O-tegami o haidoku-shimashita.

I read your letter.

意味と 使い方　自分の動作を表す表現で、「読む」の謙譲語。「拝」は「おじぎや神
じぶん どうさ あらわ ひょうげん　　　よ　　　けんじょうご　　はい　　　　　　　　　しん
仏に礼拝すること」を意味し、敬意を表す語。
ぶつ れいはい　　　　　　　いみ　　けいい あらわ ご

An expression that indicates one's own actions using humble language for "to read." 「拝」means "to bow or worship a deity" and indicates respect.

　例 拝啓(手紙の最初に書く言葉 a word used to begin a letter)、拝見(➡　　)
　　 はいけい てがみ さいしょ か ことば　　　　　　　　　　　　　　　　 はいけん

基本 パターン　│ Ⓝ │ を ＋ 拝読する
　　　　　　　　　　　　　　はいどく

☐ に入る言葉の例

🗣 お手紙 letter、メール e-mail、本 book
　　 てがみ　　　　　　　　　　　　 ほん

例

1 メールで　メール拝読しました。いろいろご心配
　　　　　　　　　　はいどく　　　　　　しんぱい
　　　mēru de　をいただき、ありがとうございます。

　　　　　　mēru haidoku-shimashita. Iroiro go-shinpai o itadaki, arigatō gozaimasu.

In an e-mail
I read your email. Thank you for all your concerns.

2 教授：以前、同じようなテーマで本を書いたこ
　　 きょうじゅ いぜん おな　　　　　　　 ほん か
　　　　とがありますよ。

　　リサ：そうですか。ぜひ拝読したいと思います。
　　　　　　　　　　　　　 はいどく　　　 おも

　　kyōju: Izen, onaji yō na tēma de hon o kaita koto ga arimasu yo.
　　Risa: Sō desu ka. Zehi haidoku-shitai to omoimasu.

Instructor:
I once wrote a book on a similar theme.
Lisa: Is that so. I would like to read it.

(68) 23 ▼「聞く、聴く」の謙譲語 Humble language for "**to listen**," "**to hear**"

拝聴する
Haichō-suru

to listen

講演を拝聴しました。
Kōen o haichō-shimashita.

I listened to the lecture.

意味と
使い方

自分の動作を表す表現で、「聞く、聴く」の謙譲語。「拝」は「おじ
ぎや神仏に礼拝すること」を意味し、敬意を表す語。

An expression that indicates one's own actions using humble language for "to listen, to hear." 「拝」 means "to bow or worship a deity" and indicates respect.

例 拝啓（手紙の最初に書く言葉 a word used to begin a letter）、拝見（　　）

基本
パターン

Ⓝ を ＋ 拝聴する

□ に入る言葉の例

() 講義 lecture、講演 talk、セミナー seminar、お話 conversation、
ご意見 opinion

例

1 リサ： 先生の講義をいつも楽しく拝聴して
おりました。

教授：そうでしたか。

Risa: Sensē no kōgi o itsumo tanoshiku haichō-shite orimasu.
kyōju: Sō deshita ka.

Lisa: I always enjoyed listening to many of your lectures, Sensei.
Instructor: Is that so.

2 懇親会のスピーチについて
リサ： 先ほどの先生のお話を拝聴して、
勇気づけられました。

教授：そうですか。それはよかったです。

konshinkai no supīchi ni tsuite
Risa: Sakihodo no sensē no o-hanashi o haichō-shite,
yūkizukeraremashita.
kyōju: Sōdesu ka. Sore wa yokatta desu.

About a speech at a social gathering
Lisa: Hearing what you said earlier gave me courage, Sensei.
Teacher: Is that so. I'm glad to hear that.

おVする to V

O V-suru

今後の予定をお知らせします。
こんご よてい し
Kongo no yotē o o-shirase-shimasu.

I will inform you of future plans.

意味と　自分の動作を表す表現で、「Vする」の謙譲語。
使い方　じぶん どうさ あらわ ひょうげん　　　けんじょうご

An expression that indicates one's own actions using humble language for "to V."

基本 パターン	「目上の人」と話すとき めうえ ひと はな （私は / が）＋ お ⟨Ｖます⟩ ＋ します わたし

□ に入る言葉の例

() 送ります send、待ちます wait、借ります borrow、
おく ま か
持ちます hold、尋ねます ask、調べます investigate
も たず しら

例のように文を作ってみましょう。
Let's try making a sentence as in the example.

練習

例 資料／配る
⇒ 資料をお配りします。

❶ ここで／待つ
⇒

❷ 先生に／かさ／借りた
⇒

❸ 書類は／確かに／受け取った
⇒

❹ ちょっと／尋ねていい／でしょうか
⇒

会話練習

1 リサ：私が荷物をお持ちします。
教授：ありがとう。

Risa: Watashi ga nimotsu o o-mochi-simasu.
kyōju: Arigatō.

Lisa: I will hold your bags.
Teacher: Thank you.

2 知人：例の件、森先生に相談しましたか。
リサ：いいえ、まだお話ししていません。

chijin: Rē no ken, Mori sensē ni sōdan-shimashita ka?
Risa: Īe, mada o-hanashi-shite imasen.

Acquaintance: Did you speak to Mori-sensei about the situation?
Lisa: No, I have not spoken to her yet.

70 **2** ▼「Vする」の謙譲語 けんじょうご   Humble language for "**to V**"

ごVする
to V
*Go V-*する

• •

スタッフをご紹介します。 しょうかい
Sutaffu o go-shōkai-shimasu.
I will introduce the staff.

意味と
使い方

自分の動作を表す表現で、「Vする」の謙譲語。相手のためにする動 じぶん どうさ あらわ ひょうげん けんじょうご あいて どう
作について使う。 さ つか

An expression that indicates one's own actions using humble language for "to V." Used for verbs done for others. Used for verbs done for others.

基本
パターン

「目上の人」と話すとき めうえ ひと はな

(私は / が) + ご ｜ **V** ます ｜ + します わたし

□ に入る言葉の例

♪ 案内する guide、 紹介する introduce、 報告する report、 あんない しょうかい ほうこく

連絡する to contact、 招待する to invite、 送付する to send れんらく しょうたい そうふ

124

練習

例のように文を作ってみましょう。
Let's try making a sentence as in the example.

例 結果／報告する
けっか　ほうこく

⇒ 結果をご報告します。

❶使い方／説明する
つか　かた　せつめい

⇒

❷メールで／回答する
かいとう

⇒

❸空港に着いたら／連絡する
くうこう　つ　れんらく

⇒

❹ご家族の皆様も／招待する
か ぞく　みなさま　しょうたい

⇒

会話練習

1 社　長： 次の会議は、去年の売上データもほしい
しゃ　ちょう　つぎ　かいぎ　きょねん　うりあげ
なあ。

グエン： わかりました。ご用意しておきます。
よう　い

*shachō: Tsugi no kaigi wa, kyonen no uriage dēta
mo hoshī nā.*
Guen: Wakarimashita. Go-yōi-shite okimasu.

President: It would be
nice to have last
year's sales data too
for the next meeting.
Gwen: Understood. I will
prepare it.

2 見学ツアー
けんがく

係の人： それでは、これから施設をご案内します。
かかり　ひと　しせつ　あんない

kengaku kōnā

*kakari no hito: Soredewa, korekara shisetsu o go-
annai-shimasu.*

On a tour
Receptionist: We will
now guide you
through the facility.

3 ▼「～てもらう」の謙譲語　　　Honorific language for "**to have do ～**"
けんじょうご

お～いただく

to have do ～

O~itadaku

お招きいただき、ありがとうございます。
まね
O-maneki itadaki, arigatō gozaimasu.

Thank you for inviting me.

意味と
使い方

「いただく」は「もらう」の謙譲語で、相手に対し自分を下に置いた
けんじょうご あいて たい じぶん した お
表現。何かの行為を受けることを表す。
ひょうげん なに こうい う あらわ

「いただく」is humble language for「もらう」, and is an expression that places oneself lower than the person you are speaking to.
Used when receiving some kind of action.

| 基本
パターン | ① お Ⓥます いただき、ありがとうございます。 |
| | ② お Ⓥます いただけますか。 |

☐ に入る言葉の例

◊ 待ちます wait、知らせます inform、話します talk,、支払います pay
ま し はな しはら

例

1 早めにお知らせいただけますか。
はや し
Hayame ni o-shirase itadakemasu ka?

Could you please let me know quickly?

2 できれば、見本をお送りいただきたいんです…。
みほん おく
Dekireba, mihon o o-okuri itadakitai n desu ga…

If possible, I would like to send you a sample…

3 店員：ただ今、満席です。しばらくお待ちいた
てんいん いま まんせき ま
だきますが、よろしいでしょうか。

客　：いいですよ。待ちます。
きゃく ま

*ten'in: Tada ima, manseki desu. Shibaraku
o-machi itadakimasu ga, yoroshī deshō ka?*
kyaku: Ī desu yo. Machimasu.

Employee: We are full right now. You will need to wait for a while, is that okay?
Customer: That's fine. I'll wait.

(72) **4** ▼「〜てもらう」の謙譲語
けんじょうご

ご〜いただく
Go~itadaku

to have do ~

ご協力いただき、ありがとうございます。
きょうりょく
Go-kyōryoku itadaki, arigatō gozaimasu.
Thank you for helping me.

意味と 使い方	「いただく」は「もらう」の謙譲語で、相手に対し自分を下に置いた表現。何かの行為を受けることを表す。

けんじょうご　あいて　たい　じぶん　した　お
ひょうげん　なに　こうい　あらわ

「いただく」is humble language for「もらう」, and is an expression that places oneself lower than the person you are speaking to.
Used when receiving some kind of action.

基本 パターン	① ご **Ｖする** いただき、ありがとうございます。
	② ご **Ｖする** いただけますか。

☐ に入る言葉の例

⟳ 協力する help、心配する worry、紹介する introduce、
きょうりょく　　　　　しんぱい　　　　　しょうかい
参加する participating、対応する responding
さんか　　　　　　　たいおう

例

1 ご注文いただき、ありがとうございます。 Thank you for your order.
ちゅうもん
Go-chūmon itadaki, arigatō gozaimasu.

---

2 スケジュールについて、もう一度ご検討
いちど　けんとう
いただけますか。

Could you please consider this schedule one more time?

Sukejūru nitsuite, mō ichido go-kentō itadakemasu ka?

---

3 リサ：だいぶご心配いただいたようで、
しんぱい
すみませんでした。

知人：いいえ。無事でよかったです。
ちじん　　　　　ぶじ

Lisa: I'm sorry I made you worry so much.
Acquaintance: No problem. I'm glad you are fine.

Lisa: Daibu go-shinpai itadaita yō de, sumimasen deshita.
chijin: Īe. Buji de yokatta desu.

(73) **5** ▼「～てもらう」の謙譲語　　Honorific language for "**to have do ~**"
けんじょうご

～ていただく
~te itadaku

to have do ~

· ·

手伝っていただき、助かりました。
て つだ　　　　　　　　　たす
Tetsudatte itadaki, tasukarimashita.

You really saved me by helping me out.

意味と　「いただく」は「もらう」の謙譲語で、相手に対し自分を下に置いた
使い方　けんじょうご　あいて　たい　じぶん　した　お
表現。何かの行為を受けることを表す。
ひょうげん　なに　こうい　う　　　　　あらわ

「いただく」is humble language for「もらう」, and is an expression that places oneself lower than the person you are speaking to.
Used when receiving some kind of action.

| 基本
パターン | ① | **Ⓥて** | いただき、ありがとうございます。 |
| | ② | **Ⓥて** | いただけますか。 |

例

1 もう少し待っていただけますか。　　Could you please wait
　　　すこ　ま　　　　　　　　　　　　a little longer?
　　Mō sukochi matte itadakemasu ka?

---

2 皆さん、ちょっと集まっていただけますか。　Could you all please
　　みな　　　　　　あつ　　　　　　　　　　gather?
　　Mina-san, chotto atsumatte itadakemasu ka?

---

3 ルイス：これの使い方を教えていただきたい　Louis: I was hoping
　　　　　　　　つか　かた　おし　　　　　　　　you would tell me
　　んですが…。　　　　　　　　　　　　　　　how to use this...

　　先　輩：いいですよ。　　　　　　　　　Senior: That's fine.
　　せん　ぱい
　　Ruisu:Kore no tsukai-kata o oshiete itadakitai n
　　　　　desu ga…
　　senpai:Ī desu yo.

---

(74) **6** ▼「〜ている」の丁重語
ていちょうご

Polite language for "**is ~**"

〜ておる
~ *teoru*

is ~

今、外に出ております。
いま そと で
Ima, soto ni dete orimasu.

I am now outside.

意味と
使い方

自分の動作を表す表現で、「Vている」の丁重語。敬意を示す相手と
じぶん どうさ あらわ ひょうげん ていちょうご けいい しめ あいて
の会話の中で、自分のほか、家族や会社の同僚などについて言うこと
かいわ なか じぶん かぞく かいしゃ どうりょう い
も多い。
おお

An expression that indicates one's own actions using polite language for "is ~."
Often used about not just yourself, but about a family member, company colleage, and so on when speaking to someone respected.

⑩ 田中は今、会議に出ております。 Tanaka is now in a meeting.
たなか いま かいぎ で

基本
パターン

（私は / が） ＋ **ⓡ** 時に関する副詞など | **Ⓥ**て ＋ おります
わたし ときかん ふくし

　　　　　に入る言葉の例

◯ 〜に行って going ~、 出かけて out、 仕事をして doing work、
い で しごと

休んで resting、 寝て sleeping
やす ね

例

1 昨日の夕方は、家でのんびり映画を見ておりました。
きのう ゆうがた いえ えいが み
Kinō no yūgata wa, ie de nonbiri ēga o mite orimashita.

I was taking it easy and watching a movie yesterday evening.

2 私は今、印刷会社で働いております。
わたし いま いんさつがいしゃ はたら
Watashi wa ima, insatsu-gaisha de hataraite orimasu.

I now work at a printing company.

3 リサ： 何度か電話したんですが…
なんど でんわ
　知人： そうでしたか。ちょっと旅行に行ってお
　ちじん りょこう い
　　　　りました。

Risa: Nando ka o-denwa-shita n desu ga...
Chijin:Sō deshita ka. Chotto ryokō ni itte orimashita.

Lisa: I called a number of times.
Acquaintance: Is that so. I was on a little trip.

〜(さ)せていただく

allow me to V

(sa)sete itadaku

・・・

メールを<u>送</u>らせていただきました。
おく

Mēru o okurasete itadakimashita.

I sent you an e-mail.

意味と
使い方

自分の動作を表す表現で、「Vさせてもらう」の謙譲語。「自分の側が
じぶん どうさ あらわ ひょうげん   けんじょうご   じぶん がわ
する」ということを相手や第三者に許可してもらい、ある物事をする
あいて だいさんしゃ きょか   ものごと
ことを表す表現。許可を受ける形をとることで、控えめの態度を表す。
あらわ ひょうげん きょか う かたち   ひか たいど あらわ

An expression that indicates one's own actions using humble language for "al-
low me to V." An expression that indicates doing something yourself with the
permission of the other party or a third party. Displays a modest attitude by
way of receiving permission.

基本
パターン

「目上の人」と話すとき
めうえ ひと   はな

① (私の方で) + (お/ご) Vする + (さ) せていただきます
わたし ほう

② (私の方で) + Vない + (さ) せていただきます
わたし ほう

▢ に入る言葉の例

◉ ① **紹介する** introduce、**挨拶する** greet,、**報告する** report、
しょうかい   あいさつ   ほうこく
返事する reply、**確認する** confirm、**検討する** look into
へんじ   かくにん   けんとう
② **送らない** send、**読まない** read、**待たない** wait
おく   よ   ま

例のように文を作ってみましょう。
Let's try making a sentence as in the example.

練習

例 サンプル／ご用意する

⇒ サンプルをご用意させていただきます。

❶ それでは／始める

⇒ _____

❷ 先ほど／メール／送った

⇒ _____

❸ ぜひ／やりたい／と思う

⇒ _____

❹ ご依頼の件／検討する

⇒ _____

 会話練習

1 パーティーの誘い

知人： 15日の件、いかがですか。

リサ： お招きありがとうございます。
出席させていただきます。

pāthī no sasoi

chijin: 15-nichi no ken, ikaga deshō ka?

Risa: O-maneki arigatō gozaimasu. Shusseki-sasete itadakimasu.

A party invitation
Acquaintance: How is the thing on the 15th looking?
Lisa: Thank you for the invitation. I would like to attend.

2 教授： 新しい論文を書いたから、よかったら読んで。

リサ： ありがとうございます。読ませていただきます。

Kyōju: Atarashī ronbun o kaita kara, yokattara yonde.

Lisa: Arigatō gozaimasu. Yomasete itadakimasu.

Instructor: I wrote a new essay. Please read it.
Lisa: Thank you. I will read it.

(76) **8** ▼「Vてくる」の謙譲語　　　Humble language for "**go and V**"
　　　　　　　　　けんじょうご

Vてまいる
go and V

V-te mairu

・・・

先週、大阪に行ってまいりました。
せんしゅう　おおさか　い
Senshū, Ōsaka ni itte mairimashita.
I went to Osaka last week.

意味と　自分の動作を表す表現で、「Vてくる」の謙譲語。
使い方　じぶん　どうさ　あらわ　ひょうげん　　　　　　　　　　けんじょうご
An expression that indicates one's own actions using humble language for "go and V."

基本　　Nに / を ＋│**V**て│まいります。
パターン

　　　□ に入る言葉の例

()行って go、見て see、買って buy、会って meet、
　い　　　　　み　　　　　　か　　　　　あ
　努力して endeavor、頑張って work hard
　どりょく　　　　　　　がんば

例

1 ルイス： 打ち合わせに行ってまいります。　　Louis: I will now go to
　　　　　　　う　あ　　　　い　　　　　　　　　　　　　the meeting.
　　同　僚： 行ってらっしゃい。　　　　　　　　　Colleague: Good luck.
　　どう　りょう　い
　　Ruisu: Uchiawase ni itte mairimasu.
　　dōryō: Itte rasshai.

2 同　僚： 見本市は、昨日行ったんですか。　　Colleague: Did you go
　　どう　りょう　みほんいち　きのうい　　　　　　　　　to the trade show
　　ルイス： はい。いろいろ見てまいりました。　　　yesterday?
　　　　　　　　　　　　　　み　　　　　　　　　　Louis: Yes. I went and
　　dōryō: Mihon'ichi wa, kinō itta n desu ka?　　　saw many things.
　　Ruisu: Hai. Iroiro mite mairimashita.

確認ドリル Reinforcement Drills
かくにん

下の1〜4の中から、（　）に合うものを1つ選んでください。

① A：何時ごろ（　　　　　　）よろしいでしょうか。
　　なんじ
　　B：では、10時ごろにお願いします。
　　　　　　　　じ　　　　　　　　ねが

　　1　いただいたら　　　　　　　　2　存じたら
　　　　　　　　　　　　　　　　　　　　ぞん
　　3　いらっしゃったら　　　　　　4　伺ったら
　　　　　　　　　　　　　　　　　　　うかが

② A：初めまして。山本と（　　　　　）。よろしくお願いいたします。
　　はじ　　　　やまもと　　　　　　　　　　　　ねが
　　B：こちらこそ、よろしくお願いいたします。
　　　　　　　　　　　　　　　　ねが

　　1　いたします　2　参ります　　3　申します　　4　承ります
　　　　　　　　　　　　まい　　　　　　もう　　　　　　うけたまわ

③ A：〈カフェで〉コーヒー2つと、紅茶を1つお願いします。
　　　　　　　　　　　　　　　　こうちゃ　　　ねが
　　B：（　　　　）。

　　1　かしこまりました　　　　　　2　ちょうだいしました
　　3　拝見しました　　　　　　　　4　存じ上げました
　　　　はいけん　　　　　　　　　　　　ぞん　あ

④ A：会議の報告書が、まだ届いていないんですが。
　　　かいぎ　ほうこくしょ　　　とど
　　B：申し訳ありません。すぐに持って（　　　　　）ます。
　　　　もう　わけ　　　　　　　　　　　も

　　1　承知し　　　2　参り　　　3　ご覧になり　4　見え
　　　　しょうち　　　　まい　　　　　　らん　　　　　　み

⑤ 今月は先月の2倍以上の注文を（　　　　　）。
　　こんげつ　せんげつ　ばいいじょう　ちゅうもん

　　1　差し上げた　2　存じた　　3　申した　　　4　承った
　　　　さ　あ　　　　ぞん　　　　　もう　　　　　　うけたまわ

⑥ 田中先生の誕生日に、ネクタイを（　　　　　）。
　　たなかせんせい　たんじょうび

　　1　存じ上げた　　　　　　　　　2　申し上げた
　　　　ぞん　あ　　　　　　　　　　　もう　あ
　　3　差し上げた　　　　　　　　　4　召し上がった
　　　　さ　あ　　　　　　　　　　　　め　あ

⑦ 申し訳ありませんが、１０分ほどお待ち（　　　　　　）もよろしいでしょ
　もう　わけ　　　　　　　　　　　　ぶん　　　　ま
　うか。

　　１　いただいて　２　くださって　３　なさって　　４　されて

⑧ 製品に問題がありましたら、すぐに交換（　　　　　　）ます。
　せいひん　もんだい　　　　　　　　　　　　こうかん

　　１　なさり　　　　２　いたし　　　３　され　　　　４　ください

⑨ １年間の海外赴任で、たくさんの貴重な経験を（　　　　　　）いただ
　ねんかん　かいがい　ふにん　　　　　　　　　　きちょう　けいけん
　いた。

　　１　見えて　　　　２　いたして　　３　させて　　　４　なさって
　　み

⑩ 後ほど、電話でご連絡（　　　　）ます。
　のち　　　でんわ　　れんらく

　　１　いたし　　　　２　おかけし　　３　おっしゃい　４　申し
　　　　　　　　　　　　　　　　　　　　　　　　　　　　もう

確認ドリルの答え
かくにん　　　　　こた

① 4　何時ごろ（　伺ったら　）よろしいでしょうか。
　　　なんじ　　　うかが

② 3　初めまして。山本と（　申します　）。よろしくお願いいたします。
　　　はじ　　　　やまもと　　もう　　　　　　　　　ねが

③ 1　（　かしこまりました　）。

④ 2　申し訳ありません。すぐに持って（　参り　）ます。
　　　もう　わけ　　　　　　　　　　まい

⑤ 4　今月は先月の２倍以上の注文を（　　承った　）。
　　　こんげつ　せんげつ　ばい　いじょう　ちゅうもん　うけたまわ

⑥ 3　田中先生の誕生日に、ネクタイを（　差し上げた　）。
　　　たなかせんせい　たんじょうび　　　　　　さ　あ

⑦ 1　申し訳ありませんが、１０分ほどお待ち（　いただいて　）もよろし
　　　もう　わけ　　　　　　　　　ぶん　　　　ま
　　　いでしょうか。

⑧ 2　製品に問題がありましたら、すぐに交換（　いたし　）ます。
　　　せいひん　もんだい　　　　　　　　こうかん

⑨ 3　１年間の海外赴任で、たくさんの貴重な経験を（　させて　）いただ
　　　ねんかん　かいがい　ふにん　　　　　　　きちょう　けいけん
　　　いた。

⑩ 1　後ほど、電話でご連絡（　いたし　）ます。
　　　のち　　　でんわ　　れんらく

PART2
実践編
じっせんへん
Practical Use

77 1 ▼ 「～ですか」の丁寧な表現
ていねい ひょうげん

A polite expression for asking "**is ~?**"

～でしょうか

is ~?

~deshō ka

それは本当でしょうか。
ほんとう

Sore wa hontō deshō ka?

Is that true?

意味と
使い方

相手に確認する表現で、「～ですか」の丁寧な言い方。
あいて かくにん ひょうげん ていねい い かた

An expression used to confirm something with someone. A polite way to say 「～ですか」.

| 基本パターン | あらゆる語句、文 ごく ぶん | + | でしょうか。 |

☐ に入る言葉の例

() どれ which、これ this、いつ when、よろしい acceptable、

だめ bad、明日は晴れる it will be sunny tomorrow
あした は

1 こちらの色はいかがでしょうか。
いろ

Kochira no iro wa ikaga deshō ka?

Do you like this color?

2 図書館カードはお持ちでしょうか。
としょかん も

Toshokan-kādo wa o-mochi deshō ka?

Do you have a library card?

3 客 ：登録するとき、身分証は必要でしょうか。
きゃく とうろく みぶんしょう ひつよう
受付：はい、お願いします。
うけつけ ねが

kyaku:Tōroku-suru toki, mibunshō wa hitsuyō deshō ka?
uketsuke:Hai, o-negai-shimasu.

Customer:
Is identification needed when registering?
Reception:
Yes, please.

(78) **2** ▼「〜てもらえませんか」の丁寧な表現
ていねい ひょうげん

A polite expression to ask
"**could you ~?**"

〜ていただけないでしょうか
could you ~?

~te itadakenai deshō ka

この書類の書き方を教えていただけないでしょうか。
しょるい か かた おし
Kono shorui no kaki-kata o oshiete itadakenai deshō ka?
Could you please tell me how to write this document?

意味と | 丁寧にお願いをするときの表現で、「〜てもらえる」の謙譲語を使う。
使い方 | ていねい ねが ひょうげん けんじょうご つか
「〜ていただけますか」より丁寧な言い方。
ていねい い かた
似た表現で「〜ていただきたいんですが」もある。
に ひょうげん
An expression used when asking politely where a humble form of「〜てもらえる」
is used. A more polite way to say「〜ていただけますか」.
A similar expression is「〜ていただきたいんですが」.

(例) この書類の書き方を教えていただきたいんですが。
しょるい か かた おし
Could you please tell me how to write this document?

基本 パターン	**Ⅴます** + ていただけないでしょうか。	※主語は省略される。 しゅご しょうりゃく
	Ⅴする + し + ていただけないでしょうか。	

 例

1 電話番号を教えていただけないでしょうか。
でんわばんごう おし
Denwa-bangō o oshiete itadakenai deshō ka?

Could you please tell me
your phone number?

2 すみません、打ち合わせの時間を変更していた
う あ じかん へんこう
だけないでしょうか。

Excuse me, could we
please change the time
of the meeting?

Sumimasen, uchiawase no jikan o henkō-shite itadakenai deshō ka?

3 ルイス ： お返事ですが、明日まで待っていただ
へんじ あした ま
けないでしょうか。

取引先 ： わかりました。
とりひきさき

Louis: Regarding the
reply, could you
please wait until
tomorrow?
Client: Understood.

Ruisu:O-henji desu ga, ashita made matte itadakenai deshō ka?
torihikisaki:Wakarimashita.

137

(79) 3 ▼ お願いする前に使う表現
　　　　　　ねが　　　まえ　つか　ひょうげん

An expression used before requesting something

恐縮ですが…/ 恐れ入りますが… I'm sorry, but...
きょうしゅく　　　　　　　おそ　い

Kyōshuku desu ga…　Osoreirimasu ga…

恐縮ですが、こちらにお越しいただけませんか。
きょうしゅく　　　　　　　　こ

Kyōshuku desu ga, kochira ni o-koshi itadakemasen ka?

I'm sorry, but could you please come here?

意味と
使い方

目上の人に何かをすること、何かを了承することをお願いするときに
めうえ　ひと　なに　　　　　　　なに　　りょうしょう　　　　　　　ねが
使う表現で、本題に入る前に言う。「すみません」より丁寧な表現。
つか　ひょうげん　ほんだい　はい　まえ　い　　　　　　　　　　ていねい　ひょうげん
相手に負担をかけることを心苦しく思う気持ちを表す。
あいて　ふたん　　　　　　　　こころぐる　おも　きも　あらわ

An expression used before asking someone superior to you to do or acknowledge something. A more polite expression than「すみません」. Indicates one's reluctance to burden the person being spoken to.

| 基本
パターン | 恐縮ですが
きょうしゅく
恐れ入りますが
おそ　い | + | 依頼を表す動詞句
いらい　あらわ　どうし　く
・事実を伝える文など
じじつ　つた　ぶん |

例

1 恐れ入りますが、お名前を伺ってもよろしいでしょ
　　おそ　い　　　　　　なまえ　うかが
　　うか。

I'm sorry, but may I ask for your name?

Osoreirimasu ga, o-namae o ukagatte mo yoroshī deshō ka?

---

2 大変恐縮ですが、お一人様1枚のお申し込みにな
　　たいへんきょうしゅく　　　　ひとりさま　まい　　もう　こ
　　ります。

I'm terribly sorry, but it is one application per person.

Taihen kyōshuku desu ga, o-hitori-sama 1-mai no omōshikomi ni narimasu.

---

3 係の人：恐縮ですが、こちらの窓口で手続きをし
　　かかり　ひと　きょうしゅく　　　　　　　まどぐち　てつづ
　　　　　　ていただけますか。

　　客　：わかりました。
　　きゃく

Reception: I'm sorry, but could you please complete the procedures at this window?
Customer: Okay.

kakari no hito: Kyōshuku desu ga, kochira no madoguchi de tetsuzuki o shite itadakemasu ka?
kyaku: Wakarimashita.

(80) **4** ▼「ちょっといいですか」のさらに丁寧な表現
ていねい　ひょうげん
A more polite expression than「ちょっといいですか」

ちょっとよろしいでしょうか
May I have a moment

Chotto yoroshī deshō ka

すみません、ちょっとよろしいでしょうか。

Sumimasen, chotto yoroshī deshō ka?

Excuse me, may I have a moment?

意味と
使い方

相手と話をしたいときや、発言をしたいときなどに、相手や周囲に了解
あいて　はなし　　　　　　　はつげん　　　　　　　　　あいて　しゅうい　りょうかい
を求める表現。「ちょっといいですか」の意味で、さらに丁寧に言う表現。
もと　ひょうげん　　　　　　　　　　　　　　　　　いみ　　　　　　　ていねい　い　ひょうげん

An expression used to ask for the consent of another party or the immediate area when wanting to speak with someone or say something. This expression has the same meaning as「ちょっといいですか」but is even more polite.

基本 パターン	ちょっとよろしいでしょうか。＋ 依頼の文 いらい　ぶん

　□ に入る言葉の例

() 〜たいのですが

例

1 部長、ちょっとよろしいでしょうか。次の会議に
ぶ ちょう　　　　　　　　　　　　　　　　つぎ　かい ぎ
ついて確認したいことがあるんですが…。
かくにん

Buchō, chotto yoroshī deshō ka? Tsugi no kaigi nitsuite kakunin-shitai koto ga aru n desu ga…

General Manager, may I have a moment? There's something I would like to confirm about the upcoming meeting...

2 会議で
かい ぎ
Kaigi de
At a meeting

ちょっとよろしいでしょうか。一つ気
ひと　き
になることがあります。

Chotto yoroshī deshō ka. Hitotsu ki ni naru koto ga arimasu.

May I have a moment? There's something weighing on my mind.

3 街中で
まちなか
Machinaka de
In the street

スタッフ：すみません、ちょっとよろ
しいでしょうか。簡単なアンケート
かんたん
にご協力いただきたいんですが…。
きょうりょく
通行人：まあ、いいですよ。
つうこうにん

sutaffu: Sumimasen, chotto yoroshī deshō ka? Kantan na ankēto ni go-kyōryoku itadakitai n desu ga…
tsūkōnin: Mā, ī desu yo.

Staff: Excuse me, may I have a moment? I'd like to ask for your assistance with a simple survey...
Passerby: Sure, that's okay.

139

81

5 ▼「よかったら」の丁寧な表現　A polite expression for「よかったら」
てい ねい　ひょうげん

よろしかったら　　if you would like
Yoroshikattara

よろしかったら、お一つどうぞ。
ひと
Yoroshikattara, o-hitotsu dōzo.
Please take one if you would like.

意味と　相手に何か物を勧めたり、勧誘したりするときに使う表現。
使い方　あい て　なに　もの　すす　　　　かんゆう　　　　　　　つか　ひょうげん
「よかったら」の丁寧な表現。
てい ねい　ひょうげん

An expression used when suggesting something to somebody or inviting them.
A polite expression for「よかったら」.

基本　　よろしかったら　＋　勧誘を表す語句・文
パターン　　　　　　　　　　　　　　かんゆう　あらわ　ご く　　ぶん

☐ に入る言葉の例

( ) ～ませんか would you ~、～ましょう（か）shall I ~、
～てください please ~、どうぞ go ahead

例

1 スーパーで、店員が　　　Employee at a
てんいん　　　　　　　　supermarket
よろしかったら、こちらのレジへどうぞ。　Please come to this
register if you would like.
sūpā de, ten'in ga
Yoroshikattara, kochira no reji he dōzo.

2 よろしかったら、お昼をご一緒しませんか *。　Would you like to eat
ひる　　いっしょ　　　　　　　　lunch together?
Yoroshikattara, o-hiru o go-issho-shimasen ka?

＊ご一緒する：「何かを一緒にする」ことを表す丁寧な言い方。
いっしょ　　なに　　いっしょ　　　　　あらわ ていねい　い かた
A polite way of saying「何かを一緒にする」.

3 リサ：よろしかったら、お手伝いしましょうか。Lisa: Would you like me
てつだ　　　　　　　　to help?
知人：いいですか。助かります。　Acquaintance: Is that
ち じん　　　　　　たす　　　　　okay? That would be
helpful.
Risa:Yoroshikattara, o-tetsudai-shimashō ka?
chijin:Ī desu ka? Tasukarimasu.

(82) **6** ▼「すみませんが」の丁寧な表現 A polite expression for「すみませんが」
てい ねい ひょうげん

申し訳ないのですが
もう わけ

I'm sorry, but

Mōshiwakenai no desu ga

申し訳ないのですが、今回は出席できません。
もう わけ   こんかい しゅっせき

Mōshiwakenai no desu ga, konkai wa shusseki-dekimasen.

I'm sorry, but I cannot be present this time.

意味と 相手の誘いや依頼、希望に否定的なことを言うときや、自分の意見や
使い方 あいて さそ いらい きぼう ひていてき い じぶん いけん
希望を述べるときに、恐縮する気持ちを表す表現。目上の人に対して
きぼう の きょうしゅく きも あらわ ひょうげん めうえ ひと たい
は、より丁寧な「申し訳ございませんが」が使われることも多い。
ていねい もう わけ

An expression used when giving a negative reply to someone's invitation,
request, or hopes, or to show feelings of humility when discussing one's own
opinions or hopes. When speaking to someone above oneself, the even more
polite「申し訳ございませんが」is often used.

基本パターン	
① 申し訳ないのですが + ⓥ	相手が提示したものに否定的な内容 あいて ていじ ひていてき ないよう
② ⓥで / ⓝで + 申し訳ないのですが + ⓥ自分の希望 じぶん きぼう

▢ に入る言葉の例   ②遅くなって I'm late、
おそ

() ① 〜できません cannot 〜   時間がなくて there's no time、
じ かん
急なお願いで the sudden request
きゅう ねが

例
1 急なお願いで申し訳ないのですが、ご協力いた I'm sorry for the sudden
きゅう ねが   もう わけ   きょうりょく   request, but could you
だけないでしょうか。   please assist me?

Kyū na o-negai de mōshiwakenai no desu ga, go-kyōryoku itadakenai deshō ka?

2 リサ：申し訳ないのですが、その日は用事があっ Lisa: I'm sorry, but I can't
もう わけ   ひ ようじ   go that day because I
て行けません。   have plans.
い
Acquaintance: Is that so.
知人：そうですか。残念です。   That's unfortunate.
ちじん   ざんねん

Risa: Mōshiwakenai no desu ga, sono hi wa yōji ga atte ikemasen.
chijin: Sō desu ka. Zannen desu.

83 7 ▼「失礼しました」の丁寧な表現 A polite expression for「失礼しました」
しつれい ていねい ひょうげん

失礼いたしました
しつれい

Shitsurē-itashimashita Excuse me.

お返事が遅くなり、大変失礼いたしました。
へんじ おそ たいへんしつれい

O-henji ga osokunari, taihen shitsurē-itashimashita.

Excuse me for the late reply.

意味と 自分の行動に失礼があったことを丁寧に謝る表現。
じぶん こうどう しつれい ていねい あやま ひょうげん
使い方 A polite expression used to apologize for one's impolite actions.

基本 パターン	結果や状況を表す文 けっか じょうきょう あらわ ぶん	+	失礼いたしました。 しつれい

☐ に入る言葉の例

() ～て that ～、～てしまい was ～、～く／～になり became ～

例

1 リサ：お名前の字を間違えてしまい、大変失礼いた
なまえ じ まちが たいへんしつれい
しました。

Risa: O-namae no ji o machigaete shimai, taihen shitsurē-itashimashita.

Lisa: Please excuse me for using the wrong kanji for your name.

2 ご挨拶が遅れ、大変失礼いたしました。
あいさつ おく たいへんしつれい
Go-aisatsu ga okure, taihen shitsurē-itashimashita.

Please excuse me for the late greeting.

3 ルイス：お待たせしてしまい、失礼いたしました。
ま しつれい
取引先：大丈夫です。
とりひきさき だいじょうぶ
Ruisu: O-matase-shite shimai, shitsurē-itashimashita.
torihikisaki: Daijōbu desu.

Louis: Please excuse me for making you wait.
Client: It's fine.

84 | 8 ▼「すみません」の丁寧な表現 A polite expression for「すみません」
ていねい ひょうげん

申し訳ありません I'm sorry
もう わけ
Mōshiwake arimasen

提出が遅れて、申し訳ありません。
ていしゅつ おく もう わけ
Tēshitsu ga okurete, mōshiwake arimasen.
I'm sorry that the submission was delayed.

意味と
使い方
丁寧に謝る表現。さらに丁寧な言い方に「申し訳ございません」がある。
ていねい あやま ひょうげん ていねい い かた もう わけ
A polite expression of apology.「申し訳ございません」is an even more polite way to apologize.

基本
パターン
①申し訳ありません。＋ 結果や判断などを表す文
もう わけ けっか はんだん あらわ ぶん

② Ⅴで / Ⓝで ＋ 申し訳ありません。
もう わけ

☐ に入る言葉の例

① ～てしまいました、～すべきでした

②遅れて being late、急なお願い the sudden request
おく きゅう ねが

例

1 ご迷惑をおかけして、大変申し訳ありません。
めいわく たいへんもう わけ
Go-mēwaku o o-kakeshite, taihen mōshiwake arimasen.
I'm very sorry for causing you trouble.

2 この度は申し訳ありませんでした。このようなこと
たび もう わけ
がないよう、以後、気をつけます。
いご き
Kono tabi wa mōshiwake arimasen deshita. Konoyō na koto ga nai yō, igo, ki o tsukemasu.
I'm sorry about what happened. I will be careful in the future so that it does not happen again.

3 受付：お待たせして、申し訳ございません。
うけつけ ま もう わけ
客 ：大丈夫ですよ。
きゃく だいじょうぶ
uketsuke:O-matase-shite, mōshiwake gozaimasen.
kyaku:Daijōbu desu yo.
Reception: I'm sorry for making you wait.
Customer: It's fine.

143

9 ▼「」の丁寧な表現
　　　　　　ていねい　ひょうげん

A polite expression for "I will ~ (intention)" or "**I want to ~**"

〜たいと思う
　　　　おも

would like to ~

~ tai to omou

それでは、会を始めたいと思います。
　　　　　　かい　はじ　　　　おも
Soredewa, kai o hajimetai to omoimasu.
In that case, I would like to begin the session.

意味と
使い方

自分の動作を表す表現で、「〜（し）ます」や「〜するつもりです」な
じぶん　どうさ　あらわ　ひょうげん
どの丁寧な言い方。自分や自分の側の意志や希望を控えめに伝える。
ていねい　い　かた　じぶん　じぶん　がわ　いし　きぼう　ひか　　つた

An expression used to indicate one's own actions. A more polite way of saying
「〜（し）ます」or「〜するつもりです」. A way to modestly convey the intent or
wishes of oneself or one's side.

基本
パターン

（私は）＋ **V ます** たいと思います。
わたし　　　　　　　　　　おも

□ に入る言葉の例

♪ 始めます will begin、　します will do、　決めます will decide、
　はじ　　　　　　　　　　　　　　　　き
行きます will go
い

---

1 これにしたいと思います。
　　　　　　　　おも
Kore ni shitai to omoimasu.

I would like to go with this.

2 優勝したいと思います。
　ゆうしょう　　　　おも
Yūshō-shitai to omoimasu.

I would like to win.

3 教授： そのテーマで論文を書いたら？
　きょうじゅ　　　　　　　ろんぶん　か
リサ： そうですね。書いてみたいと思います。
　　　　　　　　　　　か　　　　　　　おも
kyōju: Sono tēma de ronbun o kaitara?
Risa: Sō desu ne. Kaite mitai to omoimasu.

Instructor: Why not write your essay on that theme?
Lisa: You're right. I would like to try writing that.

---

(86) **10** ▼ 「〜てもいいですか」の丁寧な表現 A polite expression for "**may I ~**"
ていねい　ひょうげん

〜てもよろしいでしょうか　may I ~?

~te mo yoroshī deshō ka?

ひとつ聞いてもよろしいでしょうか。
き
Hitotsu kīte mo yoroshī deshō ka?
May I ask you a question?

意味と　自分の動作を表す表現で、相手に許可を求める「〜てもいいですか」
じ ぶん　どう さ　あらわ　ひょうげん　あい て　きょ か　もと
使い方　のさらに丁寧な言い方。
ていねい　い　かた

An expression used for one's own actions. A more polite way to
ask someone for permission with 「〜てもいいですか」.

**基本
パターン**　**Ⅴた** てもよろしいでしょうか。

　□ に入る言葉の例

(♪) 聞いた ask、借りた borrow、捨てた throw away
き　　　　　か　　　　　　　　　す

例

1 もう、帰ってもよろしいでしょうか。　　May I leave now?
かえ
Mō, kaette mo yoroshī deshō ka?

2 窓を閉めてもよろしいでしょうか。　　May I close the window?
まど　し
Mado o shimetemo yoroshī deshō ka?

3 ルイス：ここに置いてもよろしいでしょうか。　Louis: May I place this here?
お
　部　長：そこはだめ。こっちに置いて。　General Manager: Not there. Place it here.
ぶ ちょう　　　　　　　　　　お
Ruis: Koko ni oite mo yoroshī deshō ka?
buchō: Soko wa dame. Kocchi ni oite.

145

(1)学校で～先生との会話
がっこう せんせい かいわ

At School: Talking to a Teacher

 # シーン 1 **授業で～疑問点について先生に質問する**
Scene じゅぎょう ぎ もんてん せんせい しつもん
In class–asking the teacher about a question

リサ： すみません、ちょっとよろしいでしょうか。

先生： はい、何ですか。
せんせい なん

リサ： この問題の答えですが、どうして3番は間違
もんだい こた ばん まちが
いなのでしょうか。

Risa: Sumimasen, chotto yoroshī deshō ka?

Sense: Hai, nan desu ka?

Risa: Kono mondai no kotae desu ga, dōshite 3-ban wa machigai na no deshō ka?

Lisa: Excuse me, may I ask you something?

Sensei: Yes, what is it?

Lisa: It's about this question. I was hoping you could tell me why #3 is wrong.

 # シーン 2 **授業で～先生にもう一度説明をしてもらう**
Scene じゅぎょう せんせい いち ど せつめい
In class–having a teacher explain something again

リサ： 先生、すみません。
せんせい

先生： はい、何ですか。
せんせい なん

リサ： 今のところがよくわからなかったので、もう
いま
一度説明していただけないでしょうか。
いち ど せつめい

先生： わかりました。
せんせい

Risa:Sensē, sumimasen.

Sense:Hai, nan desu ka?

Risa:Ima no tokoro ga yoku wakaranakatta node, mō ichido setsumē-shite itadakenai deshō ka?

Sense:Wakarimashita.

Lisa: Excuse me, Sensei.

Sensei: Yes, what is it?

Lisa: I didn't understand what you just said very well. Could you please explain it one more time?

Sensei: All right.

 # シーン 3
Scene

先生に相談のお願いをする
せんせい　そうだん　ねが
Asking a teacher for advice

リサ： すみません、ちょっとご相談したいことが
そうだん
あるのですが、研究室にお伺いしてもよろ
けんきゅうしつ　　うかが
しいでしょうか。

先生： いいですよ。
せんせい

リサ： ありがとうございます。お時間はいつが
じ かん
ご都合よろしいでしょうか。
つ ごう

先生： 午後なら、いつでもいいですよ。
せんせい　ご ご

Lisa: Excuse me, I wanted to ask you for advice. May I visit you at your office?

Sensei: That's fine.

Lisa: Thank you very much. What time would be convenient for you?

Sensei: Any time in the afternoon will be fine.

Risa: Sumimasen, chotto go-sōdan-shitai koto ga aru no desu ga,
kenkyūshitsu ni o-ukagai-shitemo yoroshī deshō ka?
Sense: Ī desu yo.
Risa: Arigatō gozaimasu. O-jikan wa itsu ga go-tsugō yoroshī deshō ka?
Sense : Gogo nara, itsudemo ī desu yo.

 # シーン 4
Scene

論文について相談する
ろんぶん　　　　そうだん
Asking about an essay

リサ： 論文の構成案を作ってみましたので、ご覧い
ろんぶん　こうせいあん　つく　　　　　　　　らん
ただけますか。

先生： そうですか。じゃ、拝見しましょう※。
せんせい　　　　　　　　　はいけん

Lisa: I made an outline for my essay. Would you take a look at it?

Sensei: Is that so. Let me see it, then.

Risa:Ronbun no kōsē-an o tsukutte mimashita node, go-ran itadakemasu ka?
Sense:Sō desu ka. Ja, haiken-shimashō.

※敬語をどう使うかは、話者の相手に対する態度の表れ。社会的な身分や地位が
けい ご　　　つか　　　　　わ しゃ　あい て　たい　　　たい ど　あらわ　しゃかいてき　み ぶん　ち い
自分より低い人に対しても、使われる。
じ ぶん　　　ひく　ひと　たい　　　　　つか
The decision to use honorific language is an expression of the speaker's attitude toward the person they are speaking to. It can be used even when speaking to someone with a lower social standing or position than oneself.

(88) (2) 図書館で〜職員との会話
としょかん　　　　　しょくいん　　かいわ
In the Library–Speaking with a Staff Member

<table>
<tr><td>🎬 # シーン 1
Scene</td><td>利用者カードを作る
りようしゃ　　　つく
Creating a library card</td></tr>
</table>

リサ： すみません、利用者カードを作りたいんで
　　　　　　　　りようしゃ　　　つく
　　　すが…。

職員： はい、こちらの用紙にお名前、ご住所、
しょくいん　　　　　　　　　ようし　　なまえ　　　じゅうしょ
　　　お電話番号などをお書きください。
　　　でんわばんごう　　　　　か

リサ： わかりました。

Lisa: Sumimasen, riyōsha-kādo o tsukuritai n desu ga...

Shokuin: Hai, kochira no yōshi ni o-namae, go-jūsho, o-denwa bangō
nado o o-kakikudasai.

Lisa: Wakarimashita.

Lisa; Excuse me, I'd like to make a library card...

Staff: Okay, please write your name, address, phone number, and such on this form.

Lisa: Okay.

| # シーン **2** Scene | 借りられる本の数を聞く か かず き Asking how many books can be borrowed |

リサ： すみません、本は何冊借りることができま
　　　すか。
職員： お一人7冊までです。期間は2週間です。
リサ： わかりました。

Lisa: Excuse me, how many books can I borrow?
Staff: Up to seven volumes per person. The borrowing period is two weeks.
Lisa: Okay.

Lisa: Sumimasen, hon wa nan-satsu kariru koto ga dekimasu ka?
Shokuin: O-hitori 7-satsu made desu. Kikan wa 2-shūkan desu.
Lisa: Wakarimashita.

§2 機能別 By Situation

| # シーン **3** Scene | 本の予約について尋ねる ほん よやく たず Asking about reserving a book |

リサ： すみません、本が貸し出し中の場合、予約
　　　することはできますか。
職員： はい。こちらが予約の注文書です。あと、
　　　ネットでも予約ができます。詳しくは図書
　　　館のホームページをご覧になってください。
リサ： わかりました。

Lisa: Excuse me. Is it possible to reserve a book if it is on loan?
Staff: Yes. This is a reservation order form. You can also reserve online. Please look at the library's website for more details.
Lisa: Okay.

Lisa: Sumimasen, hon ga kashidashi-chū no baai, yoyaku-suru kotow a dekimasu ka?
Shokuin: Hai, Kochira ga yoyaku no chūmonsho desu. Ato, netto demo yoyaku ga dekimasu. Kuwashiku wa toshokan no hōmupēji o go-ran ni natte kudasai.
Lisa: Wakarimashita.

(3) アルバイトの応募～会社の人との会話
おうぼ　かいしゃ　ひと　かいわ
Applying for a Part-Time Job–Talking to Someone at a Company

 # シーン 1　Scene

アルバイトの応募の電話をする①
おうぼ　でんわ
Calling to apply for a part-time job: 1

リ　サ　：お忙しいところ、恐れ入ります。リサ・
いそが　　　　おそ　い
ジョーンズと申します。アルバイトの
もう
募集広告を拝見してお電話しました。
ぼしゅうこうこく　はいけん　でんわ
ご担当の田中様をお願いいたします。
たんとう　たなかさま　ねが
会社の人：田中ですね。少々お待ちください。
かいしゃ　ひと　たなか　　しょうしょう　ま

Lisa: Thank you for taking time out of your busy day. My name is Lisa Jones. I am calling because I saw your advertisement for part-time workers. May I please speak to Tanaka-sama, the person responsible?
Person in company: Tanaka? Please wait a moment.

Lisa: O-isogashī tokoro, osoreirimasu. Risa Jōnzu to mōshimasu. Arubaito no boshū kōkoku o haiken-shite o-denwa-shimashita. Go-tantōsha no Tanaka-sama o onegai-itashimasu.
Kaisha no hito: Tanaka desu ne. Shōshō o-machi kudasai.

 # シーン 2　Scene

アルバイトの応募の電話をする②
おうぼ　でんわ
Calling to apply for a part-time job: 2

リ　サ　：　すみません、わたくし、リサ・ジョー
ンズと申します。アルバイト募集の件
もう　　　　　　　　　ぼしゅう　けん
でお電話させていただきました。ご担
でんわ　　　　　　　　　　　　たん
当の方にお取り次ぎいただけますで
とう　かた　　と　つ
しょうか。
会社の人：おつなぎしますので、少々お待ちくだ
かいしゃ　ひと　　　　　　　　　しょうしょう　ま
さい。

Lisa: Excuse me, my name is Lisa Jones. I am calling regarding the advertisement for part-time workers. Could you please connect me with the person in charge of that?
Person in company: Please wait a moment while I connect you.

Lisa: Sumimasen, watakushi, risa jōnzu to mōshimasu. Arubaito boshū no ken de o-denwa-sasete itadakimashita. Go-tantō no kata ni o-toritsugi itadakemasu deshó ka?
kaisha no hito: O-tsunagi-shimasu node, shōshō o-machi kudasai.

(4) オフィスで～上司との会話
じょう し　　かい わ
At the Office–Talking with a Superior

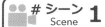 **# シーン** 1 | **資料を借りる**
Scene | し りょう　か
Borrowing materials

山田：すみません、こちらの資料をお借りしても
やま だ　　　　　　　　　　し りょう　　　　か
　　　よろしいですか。

部長：いいですよ。どうぞ。
ぶ ちょう

山田：ありがとうございます。明日お返しします。
やま だ　　　　　　　　　　　　　あした　　かえ

Yamada: Sumimasen, kochira no shiryō o o-kari-
　　shitemo yoroshī desu ka?
Buchō: Ī desu yo. Dōzo.
Yamada: Arigatō gozaimasu. Ashita o-kaeshi-shimasu.

Yamada: Excuse me, may I borrow these materials?
General Manager: Yes, go ahead.
Yamada: Thank you very much. I will return them tomorrow.

 **# シーン** 2 | **会議の時間について都合を聞く**
Scene | かい ぎ　じ かん　　　　　　　つ ごう　き
Asking about a convenient time for a meeting

ルイス：社長、明日の会議は何時からにいたしま
　　　　しゃちょう　あした　かい ぎ　なん じ
　　　　しょうか。

社　長：そうだなあ…2時からにしようか。
しゃ　ちょう　　　　　　　　　じ

ルイス：承知しました。
　　　　しょう ち

Ruisu: Shachō, ashita no kaigi wa nan-ji kara ni
　　itashimashō ka?
Shachō:S ō da nā…2-ji kara ni chiyō ka.
Ruisu: Shōchi-shimashita.

Louis: President, at what time should tomorrow' meeting begin?
President: Let's see... Why don't we start it at 2.
Louis: Understood.

§2

機能別　By Situation

 # シーン Scene 3

休暇の許可を求める
きゅう か きょ か もと
Asking for permission to take time off

山田： 急で申し訳ないのですが、明日休ませてい
やま だ きゅう もう わけ あした やす
ただいてもよろしいでしょうか。

上司： どうしたんですか。
じょう し

山田： 父が急に入院することになったんです。
やま だ ちち きゅう にゅういん
ちょっとけがをしまして。

上司： それは大変ですね。わかりました。お大事
じょう し たいへん だい じ
になさってください。

*Yamada: Kyū de mōshiwake nai no desu ga, ashita
yasumasete itadaite mo yoroshī deshō ka?*

Jōshi: Dō shita n desu ka?

*Yamada: Chichi ga nyūin-suru koto ni natta n desu.
Chotto kega o shimashite.*

*Jōshi: Sore wa taihen desu ne. Wakarimashita. O-daiji
ni nasatte kudasai.*

Yamada: I'm sorry for the sudden request, but may I take the day off tomorrow?

Boss: What's the matter?

Yamada: My father had to suddenly be hospitalized. He hurt himself a bit.

Boss: I'm sorry to hear that. I understand. Please take good care of yourself.

 # シーン Scene 4

報告書を提出する
ほうこくしょ ていしゅつ
Submitting a report

ルイス： 失礼します。出張の報告書をお持ちしま
しつれい しゅっちょう ほうこくしょ も
した。

部長： 今回は長かったですね。
ぶ ちょう こんかい なが

ルイス： はい。ちょうど1週間でした。
しゅうかん

部長： そうでしたか。ご苦労さま *。
ぶ ちょう く ろう

*Ruisu:Shitsurē-shimasu. Shucchō no hōkokusho o
o-mochi-shimashita.*

Buchō:Konkai wa nagakatta desu ne.

Ruisu:Hai, chōdo 1-shūkan deshita.

Buchō:Sō deshita ka. Go-kurō-sama.

Louis: Excuse me. I brought my business trip report.

General Manager: You were on a long trip this time.

Louis: Yes. It was exactly a week long.

General Manager: Is that so. Good work.*

＊ご苦労さま：相手の努力や苦労に対して言う定型表現。
く ろう あいて どりょく く ろう たい い ていけいひょうげん
A set expression used regarding someone's efforts or struggles.

(91) (5) オフィスで〜社内外の人との会話
しゃないがい　ひと　かいわ
At the Office–Speaking with a Client

# シーン **1** Scene	伝言を伝える でんごん　つた Relaying a message

電話で
でんわ

ルイス：　ABC ネットのルイスと申します。青木さ
　　　　　んはいらっしゃいますか。

取引先：　青木は今、会議中です。
とりひきさき　あおき　いま　かいぎちゅう

ルイス：　そうですか。では、伝言をお願いできま
　　　　　すでしょうか。

取引先：　はい。
とりひきさき

ルイス：　データはあったので送っていただかなく
　　　　　てもいいと、**お伝えいただけますか。**

取引先：承知しました。**伝えておきます。**
とりひきさき　しょうち　つた

denwa de

Ruisu: Ēbīshī netto no Ruisu to mōshimasu. Aoki-san wa irasshaimasu ka?

Torihikisaki: Aoki wa ima, kaigi-chū desu.

Ruisu: Sō desu ka. Dewa, dengon o o-negai dekimasu deshō ka?

Torihikisaki: Hai.

Ruisu: Dēta wa atta node okutte itadakanakute mo ī to, o-tsutae itadakemasu ka?

Torihikisaki: Shōchi-shimashita. Tsutaete okimasu.

On the phone

Louis: This is Louis from ABC Net. Is Aoki-san there?

Client: Aoki is in a meeting right now.

Louis: Is that so. Could I please leave a message for him with you?

Client: Okay.

Louis: Please tell him that we have the data so he does not need to send it.

Client; Understood. I will let him know.

§2

機能別　By Situation

153

#シーン 2 機械の操作について尋ねる
Scene き かい そう さ たず
Asking how to operate a machine

ルイス： すみません、あのコピー機の使い方を
き つか かた
教えていただけませんか。
おし
部　長： いいですよ。
ぶ ちょう
ルイス： 恐れ入ります。
おそ い

Ruisu: Sumimasen, ano kopi-ki no tsukai-kata o oshiete itadakemasen ka?
Buchō: Ī desu yo.
Ruisu: Osoreirimasu.

Louis: Excuse me, could
you please tell me how
to use that copier?
General manager: Sure.
Louis: I'm much obliged.

#シーン 3 打ち合わせのアポイントをとる
Scene う あ
Making an appointment for a meeting

ルイス： 来月、そちらにお伺いしたいと思うので
らいげつ うかが おも
すが、ご都合はいかがでしょうか。
つ ごう
取引先： まだ予定がわかりませんので、来週お電
とりひきさき よ てい らいしゅう でん
話させていただいてもよろしいですか。
わ
ルイス： もちろんです。では、来週、ご連絡を
らいしゅう れんらく
お待ちしております。
ま
取引先： はい。よろしくお願いいたします。
とりひきさき ねが

Ruisu: Raigetsu, sochira ni o-ukagai-shitai to omou no
desu ga, go-tsugō wa ikaga deshō ka?
Torihikisaki: Mada yotē ga wakarimasen node, raishū
o-denwa-sasete itadaite mo yoroshī desu ka?
Ruisu: Mochiron desu. Dewa,raishū, go-renraku o
o-machi-shite orimasu.
Torihikisaki: Hai, yoroshiku o-negai-itashimasu.

Louis: I would like to visit
next month, but would
that be convenient for
you?
Client: We're still unsure
of our plans, so could
we please call you next
week?
Louis: Of course. I will
wait for you to contact
me next week, then.
Client; Okay. Thank you.

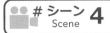 **# シーン 4** Scene | **わからないことについて先輩に聞く**
Asking a senior about something you don't know

ルイス： すみません。この書類はどなたにお渡し
したらよろしいでしょうか。

先　輩： ああ、それは田中部長に渡してください。

ルイス： わかりました。今からお持ちします。

*Ruisu: Sumimasen. Kono shorui wa donate ni
o-watashi-shitara yoroshī deshō ka?*

*Senpai: Ā, sore wa Tanaka buchō ni watashite
kudasai.*

Ruisu: Wakarimashita. Imakara o-mochi-shimasu.

Louis: Excuse me. To
whom should I hand
these documents?

Senior: Oh, please hand
those to General
Manager Tanaka.

Louis: Understand. I will
take them over now.

§2

機能別 By Situation

(6) 飲食店で～客との会話
いんしょくてん　　きゃく　　　かいわ
At a Restaurant–Speaking with a Customer

 # シーン 1 Scene | 客を席に案内する
きゃく せき あんない
Guiding entering customers to their seats

店員： 何名様でいらっしゃいますか。
てんいん　なんめいさま

客 ： ２人です。
きゃく　ふたり

店員： ２名様ですね。かしこまりました。
てんいん　めいさま
　　　では、ご案内します。
　　　　　　　あんない

Employee:	How many in your party?
Customer:	Two.
Employee:	Two? Understood. Please let me show you to your seats.

Ten'in: Nan-mē-sama de irasshaimasu ka?
Kyaku: Futari desu.
Ten'in: 2-mē-sama desu ne. Kashikomarimashita. Dewa, go-annai-shimasu.

 # シーン 2 Scene | 注文を聞く
ちゅうもん き
Taking an order

店員： ご注文はお決まりでしょうか。
てんいん　ちゅうもん　き

客 ： やさいカレーを二つ、お願いします。
きゃく　　　　　　　ふた　　ねが

店員： やさいカレーがお二つですね。
てんいん　　　　　　　ふた
　　　少々お待ちください。
　　　しょうしょう　ま

Employee:	Have you decided on your order?
Customer:	Two vegetable curries, please.
Employee:	Two vegetable curries. Please wait a moment.

Ten'in: Go-chūmon wa o-kimari deshō ka?
Kyaku: Yasai karē o futarsu, o-negai-shimasu.
Ten'in: Yasai karē ga o-futatsu desu ne.
*　Shōshō o-machi kudasai.*

 # シーン 3　Scene

メニューの説明をする
せつめい
Explaining the menu

客　：すみません。ランチのメニューはありますか。
きゃく

店員：はい。こちらがランチのメニューでございま
てんいん
　　　す。どちらも、スープかサラダをお選びいた
　　　　　　　　　　　　　　　　　　　　　えら
　　　だけます。

客　：じゃあ、Ａランチをください。スープで。
きゃく

店員：かしこまりました。
てんいん

Customer: Excuse me, do you have a lunch menu?

Employee: Yes. Here is our lunch menu. You can choose between soup or salad with any of them.

Customer: Then I'll take the A lunch. With soup.

Employee: Understood.

Kyaku: Sumimasen. Ranchi no menyū wa arimasu ka?

Ten'in: Hai, kochira ga ranchi no menyū de gozaimasu. Dochira mo, sūpu ka sarada o o-erabi itadakemasu.

Kyaku: Jā, Ē ranchi o kudasai. Sūpu de.

Ten'in: Kashikomarimashita.

§2

機能別
By Situation

(93) (7) コンビニ店で〜客との会話
てん きゃく かいわ
At Convenience Stores–Speaking with Customers

# シーン **1**	レジでの会計
Scene	At the cash register

店員： いらっしゃいませ。・・・お会計、830円で
てんいん　　　　　　　　　　　　　　　　　　かいけい　　　　えん
ございます。・・・5000円をお預かりしま
　　　　　　　　　　　えん　　　あず
す。・・・お先に4000円をお返しします。
　　　　さき　　　　えん　　　かえ
残り170円のお返しとレシートでございま
のこ　　　えん　　　かえ
す。またのご来店をお待ちいたしております。
　　　　　　らいてん　　　ま

Ten' in: Irasshaimase. … O-kaikē, 830-en de gozaimasu.
…5000-en o-azukari-shimasu. …O-saki ni 4000-
en o o-kaeshi-shimasu. Nokori 170-en no o-aeshi to
reshīto de gozaimasu. Mata no go-raiten o o-machi-
itashite orimasu.

Employee:
Welcome. ...Your total is 830 yen. ...Out of 5,000 yen. First, here is 4,000 yen. Here is the remaining 170 yen and your receipt. We hope you come again.

 **# シーン** 2　宅配の受付①
Scene　たくはい　うけつけ
Receiving a package for delivery: 1

客　：すみません、この荷物を送りたいんですけど。
きゃく　　　　　　　　　にもつ　おく

リサ：かしこまりました。伝票は**お持ち**＊でしょうか。
でんぴょう　も

客　：いえ、持ってないです。
きゃく　　　　　　も

リサ：では、こちらにご記入ください。
きにゅう

Kyaku: Sumimasen, kono nimotsu o okuritai n desu kedo.

Lisa: Kashikomarimashita. Denpyō wa o-mochi deshō ka?

Kyaku: Ie, motte nai desu.

Lisa: Dewa, kochira ni go-kinyū kudasai.

Customer: Excuse me, I'd like to send this package.
Lisa: Understood. Do you have a slip?
Customer: No, I do not.
Lisa: In that case, please fill this out.

＊お持ち：「持っていること」を表す敬語表現 Honorific language for "to have"
も　　　　　も　　　　　　　　　　あらわ　けいごひょうげん

 **# シーン** 3　宅配の受付②
Scene　たくはい　うけつけ
Receiving a package for delivery: 2

リサ：この地域ですと 18 日のお届けになります
ちいき　　　　にち　　とど
が、よろしいでしょうか。

客　：はい、結構です。
きゃく　　　　けっこう

リサ：ではお会計、1050 円になります。
かいけい　　　　　えん

Lisa: Kono chiiki desu to 18-nichi no o-todoke ni narimasu ga, yoroshī deshō ka?

Kyaku: Hai, kekkō desu.

Lisa: Dewa, o-kaikē, 1050-en ni narimasu.

Lisa: Delivery will be on the 18th in this region, is that acceptable?
Customer: Yes, that is fine.
Lisa: In that case, your total is 1,050 yen.

94 (8) 洋服店で〜客との会話
At a Clothing Store–Speaking with Customers

# シーン 1 Scene	試着の案内をする① Helping a Customer Try on a Garment: 1

店員： そちらのスカート、人気のお色なんですよ。
　　　 よろしければ、ご試着ください。

客 ： はい、お願いします。

店員： サイズはこれでよろしいでしょうか。

客 ： はい。

Employee: That skirt is a popular color. Please try it on if you'd like.

Customer: Yes, I'd like to do that.

Lisa: Is this size acceptable?

Customer: Yes.

Ten'in: Sochira no sukāto, ninki no o-iro na n desu yo. Yoroshikereba, go-shichaku kudasai.

Kyaku:Hai, o-negai-shimasu.

Ten'in: Saizu wa kore de yoroshī deshō ka?

Kyaku: Hai.

シーン **2** Scene
試着の案内をする②
し ちゃく　あんない
Helping a Customer Try on a Garment: 2

店員： いかがですか。よろしければ、こちらの鏡を
てんいん　　　　　　　　　　　　　　　　　　　　　　かがみ
　　　　お使いください。
　　　　つか
客　： ありがとうございます。
きゃく
店員： ほかの色もございますので、ご覧になりたい
てんいん　　　　いろ　　　　　　　　　　　　　らん
　　　　ものがあれば、おっしゃってください。
客　： はい。
きゃく

Employee: How is it? Please use this mirror if you'd like.

Customer: Thank you.

Employee: We have other colors as well, so please let me know if there is anything you'd like to see.

Customer: Okay.

§2

機能別
By Situation

Ten'in: Ikaga desu ka? *Yoroshikereba, kochira* no kagami o *o-tsukai kudasai.*
Kyaku: *Arigatō gozaimasu.*
Ten'in: Hoka no iro mo *gozaimasu* node, *go-ran ni naritai mono ga areba,*
　　oddhatte kudasai.
Kyaku: *Hai.*

シーン **3** Scene
サイズや色の希望
いろ　きぼう
Desired Sizes and Colors

店員： サイズはいかがでしょうか。
てんいん
客　： ちょっとこの辺がきついですね。
きゃく　　　　　　へん
店員： そうですか。では、一つ大きいサイズを
てんいん　　　　　　　　ひと　おお
　　　　お持ちしますので、こちらにかけてお待ち
　　　　も　　　　　　　　　　　　　　　　　　ま
　　　　ください。

Employee: How do you like the size?

Customer: It's a bit tight around here.

Employee: Is that so. In that case, I will bring one that's a size larger, so please sit and wait here.

Ten'in: Saizu wa *ikaga deshō ka?*
Kyaku: *Chotto kono hen ga kitsui desu ne.*
Ten'in: Sō desu ka. Dewa, hitotsu ōkī *saizu o o-mochi-shimasu* node,
　　kochira ni kakete o-machi kudasai.

(95) (9) 工場で〜責任者との会話
こうじょう　せきにんしゃ　かいわ
At the Factory–Speaking with the Person in Charge

##　# シーン 1　作業内容を確認する①
Scene　さぎょうないよう　かくにん
Confirming work to be done: 1

責任者： せきにんしゃ	このリストの商品の数を数えてもらえ しょうひん　かず　かぞ ますか。
スタッフ：	わかりました。・・・あのう、線で せん 消しているものは、数えなくても け　かぞ いいんでしょうか。
責任者： せきにんしゃ	ああ、それは数えなくて結構です。 かぞ　けっこう 無視して*ください。 む　し
スタッフ：	わかりました。

Person in Charge: Could you please count the number of products on this list?

Staff Member: Understood. ...Um, is it okay for me to not count the ones that are crossed out?

Person in Charge: Oh, you don't need to count those. Please ignore them.

Staff Member: Understood.

Sekininsha: Kono risuto no sakuhin no kazu o kazoete moraemasu ka?

Sutaffu: Wakarimashita. …Anō, sen de keshite iru mono wa, kazoenakute mo ī n deshō ka?

Sekininsha: Ā, sore wa kazoenakute kekkō desu. Mushi-shite kudasai.

Sutaffu: Wakarimashita.

＊無視する：取り上げない。To disregard.
　む　し　　と　あ

シーン **2** Scene

作業内容を確認する②
さぎょうないよう　かくにん
Confirming work to be done: 2

責任者：　ここにある商品に値札を付けてください。
せきにんしゃ　　しょうひん　ねふだ　つ
これが見本です。大体この辺りに付けてく
みほん　　　だいたい　　あた　つ
ださい。

スタッフ：あのう、その器具の使い方がわからないの
きぐ　つか　ほう
ですが、教えていただけますか。
おし

責任者：　ああ、これですね。簡単です。じゃ、まず、
せきにんしゃ　　　　　　　かんたん
持ってください。
も

スタッフ：はい。

Person in Charge: Please place labels on the products here. These are samples. Please place them around here.

Staff Member: Um, I'm unsure of how to use this tool. Could you please teach me?

Person in Charge; Oh, this? It's simple. Okay, start by holding it.

Staff Member: Okay.

§2

機能別　By Situation

Sekininsha: Koko ni aru shōhing ni nefuda o tsukete kudasai. Kore ga mihon desu. Daitai kono Atari ni tsukete kudasai.

Sutaffu: Anō, sono kigu no tsukai-kata ga wakaranai no desu ga,oshiete itadakemasu ka?

Sekininsha: Ā, kore desu ne. Kantan desu. Ja, mazu, motte kudasai.

Sutaffu: Hai.

(96) (10) 自己紹介〜初対面の人との会話
じ こ しょうかい しょたいめん ひと かい わ
Self-Introductions–Speaking with Someone for the First Time

シーン 1 大学のゼミで
Scene だいがく
At a university seminar

リサ： はじめまして。リサ・ジョーンズと申します。
もう
オーストラリアから参りました。専門は経済
まい せんもん けいざい
です。どうぞよろしくお願いいたします。
ねが
先生： こちらこそよろしく。
せんせい

Lisa: Hajimemashite. Lisa jōnzu to mōshimasu.
Ōsutoraria kara mairimashita. Senmon wa kēzai
desu. Dozo yoroshiku onegai itashimasu.
Sense: Kochira koso yorosshiku.

Lisa: Nice to meet you.
My name is Lisa
Jones. I've come
from Australia. My
major is economics. I
look forward
to working with
everyone.

Sensei: It's nice to have
you.

シーン 2 友達の紹介
Scene ともだち しょうかい
Introducing a friend

リサ： はじめまして。リサ・ジョーンズといいます。
さくら大学の留学生です。よろしくお願いし
だいがく りゅうがくせい ねが
ます。
紹介された人：よろしくお願いします。
しょうかい ひと

Lisa: Hajimemashite. Lisa Jōnzu to īmasu. Sakura
daigaku no ryūgakusē desu. Yoroshiku o-negai-
shimasu.
Shōkai-sareta hito: Yoroshiku o-negai-shimasu.

Lisa: Hello, my name
is Lisa Jones. I'm an
international student
at Sakura University.
Nice to meet you.
Person being introduced:
Nice to meet you.

※友達レベルの場合、硬くなりすぎないよう、ふつうの「です・ます」でも十分。
ともだち ば あい かた じゅうぶん
Regular 「です・ます」 is sufficient when meeting someone on a friend level so as not to sound
too stiff.

(11)道案内〜通行人との会話
みちあんない つうこうにん かいわ
Street Directions–Speaking with a Passerby

 **# シーン 1** | **目的地までの行き方を聞く**
Scene | Asking for Directions to a Destination

リ　サ：すみません、ちょっとよろしいでしょうか。

通行人：はい。
つうこうにん

リ　サ：ふじ美術館は、どう行けばいいでしょうか。
　　　　　　び じゅつかん　　　　い

通行人：この道をしばらく行くと左側に公園があるか
つうこうにん　　　　みち　　　　　　い　　　ひだりがわ　こうえん
　　　　ら、そこを入ってください。そしたら*、
　　　　　　　　はい
　　　　すぐ見えますよ。
　　　　　　み

リ　サ：わかりました。ありがとうございます。

Risa: Sumimasen, chotto yoroshī deshō ka?

Tsūkōnin:Hai.

Risa: Fuji bijutsukan wa, dō ikeba ī deshō ka?

*Tsūkōnin: Kono michi o shibaraku iku to hidari-gawa ni
　　　kōen ga aru kara, soko o haitte kudasai. Soshitara,
　　　sugu miemasu yo.*

Risa: Wakarimashita. Arigatō gozaimasu.

＊そしたら：そうしたら。And then.

Lisa: Excuse me, do you have a moment?

Passerby: Yes.

Lisa: How do I get to the Fuji Museum?

Passerby: Continue on this street for a while and you'll find a park on your left. Enter it and you should see it nearby.

Lisa: I understand. Thank you very much.

§2

機能別 By Situation

 **# シーン 2**
Scene

目的地を知っているかどうかを聞く
もくてきち し き
Asking if someone knows about a destination

リ　サ： すみません、ちょっとお尋ねしますが、「チェ
たず
リー」というカフェはご存じないでしょうか。
ぞん

通行人： ああ、知ってますよ。ほら、あの白いビルの
つうこうにん し しろ
2階ですよ。
かい

リ　サ： ああ、あそこですね。ありがとうございます。

Risa:Sumimasen, chotto o-tazune-shimasu ga, "cherī" to
iu kafe wa go-zonji nai deshō ka?
Tsūkōnin:Ā, shitte masu yo. Hora, ano shiroi biru no
2-kai desu yo.
Risa:Ā, asoko desu ne. Arigatō gozaimasu.

Lisa: Excuse me, I'd
like to ask you a
question. Do you
know of a café
called Cherry?
Passerby: Oh yes, I
know it. It's on the
second floor of
that white building
over there.
Lisa: Oh, it's there.
Thank you very
much.

 # シーン 3
Scene

目的地までの行き方を聞く
もくてきち い かた き
Asking for directions to a destination

リ　サ： すみません、ちょっとお尋ねしたいのですが、
たず
この近くに地下鉄の駅はないでしょうか。
ちか ちかてつ えき

通行人： あそこの交差点のところにありますよ。
つうこうにん こう さ てん

リ　サ： ああ、あの交差点ですね。わかりました。
こう さ てん
ありがとうございます。

Risa:Sumimasen, chotto o-tazune-shitai no desu ga,
kono chikaku ni chikatetsu no eki wa nai deshō ka?
Tsūkōnin:Asoko no kōsaten no tokoro ni arimasu yo.
Risa:Ā, ano kōsaten desu ne. Wakarimashita. Arigatō
gozaimasu.

Lisa: Excuse me, I'd
like to ask if you
know of a subway
station around
here.
Passerby: There's one
at the intersection
over there.
Lisa: Oh, that
intersection? I
understand. Thank
you.

 **# シーン 4** Scene

バスの乗り場について尋ねる
Asking about a bus stop

リサ： すみません、ふじ大学に行きたいのですが、
どのバスに乗ればいいでしょうか。

客 ： ふじ大学ですね。ああ、2番と3番のバス
ですね。

リサ： わかりました。どうも *。

Lisa: Excuse me. I'd like to get to Fuji University. Which bus should I board?

Customer: Fuji University? Oh, that would be bus #2 and #3.

Lisa: Okay. Much appreciated.

Risa: Sumimasen, Fuji daigaku ni ikitai no desu ga, dono basu ni noreba ī deshō ka?
Kyaku: Fuji daigaku desu ne. Ā, 2-ban to 3-ban no basu desu ne.
Risa: Wakarimashita. Dōmo.

＊どうも： 簡単な言葉だが、日常的な場面では失礼ではない。
Though a simple word, it is not rude in everyday situations.

 # シーン 5 Scene

電車の行き先について尋ねる
Asking about the destination of the train

リサ： すみません、東京に行きたいのですが、この
電車でよろしいでしょうか。

客 ： いえ、これは反対方向です。3番の電車に
乗ってください。

リサ： 3番ですね。ありがとうございます。

Lisa: Excuse me, I'd like to go to Tokyo, but is this the right train?

Customer: No, this is the opposite direction. Please get on the train on platform #3.

Lisa: I see. Thank you.

Risa: Sumimasen, Tōkyō ni ikitai no desu ga, kono densha de yoroshī deshō ka?
Kyaku:Ie, kore wa hantai hōkō desu. 3-ban no densha ni notte kudasai.
Risa:3-ban desu ne. Arigatō gozaimasu.

§2 機能別 By Situation

「練習」の答え Answers to Practice

※必ずしも、この文のとおりでなくてもいい場合もあります。

§2 **尊敬語** (1) **特定のことば**

1 いらっしゃる①

❶ 先生は今、いらっしゃいました。
❷ 皆さん、タクシーでいらっしゃいます。
❸ 奥様はいらっしゃらないそうです。
❹ では、明日の午後3時にいらっしゃってください。

2 おいでになる

❶ わざわざおいでいただき、ありがとうございます。
❷ パーティーにお出でになるのは、どなたですか。
❸ 開店と同時に多くのお客様がおいでになります。
❹ 家族といっしょに、よくこちらにお出でになります。

3 お見えになる

❶ 森先生もお見えになるそうです。
❷ どなたがお見えになるんですか。
❸ 田中社長もパーティーにお見えになりませんでした。
❹ 先生がお見えになったら、教えてください。

4 お越しになる

❶ 青木様は、いつお越しになりますか。
❷ 明日は中村社長もお越しになるそうです。

❸ 部長、田中様がお越しになりました。
❹ まずは5階の受付にお越し（になって）ください。

5 いらっしゃる②

❶ 社長は今、会議室にいらっしゃいます。
❷ 先生は今、どちらにいらっしゃいますか。
❸ 先生は昨日までハワイにいらっしゃいました。
❹ いつまで大阪にいらっしゃいますか。

8 召し上がる

❶ 飲み物は何を召し上がりますか。
❷ お昼はどちらで召し上がりますか。
❸ きのうの夜は何を召し上がりましたか。
❹ 先生はお肉をあまり召し上がりません。

9 おっしゃる

❶ 先生は私にそうおっしゃいました。
❷ すみません。何とおっしゃいましたか。
❸ 先生は、いつがいいとおっしゃったんですか。
❹ 先生のおっしゃったことの意味がわかりました。

10 ご覧になる

❶ 何をご覧になりましたか。

❷ この映画をご覧になったことがありますか。

❸ ちょっとこちらをご覧（になって）ください。

❹ 先生はメールをご覧になっていないようです。

⓫ お召しになる

❶ よう子先生はスーツをお召しになっていました。

❷ 先生は明日、何をお召しになりますか。

❸ 白い帽子をお召しになっている人が森さんです。

❹ 皆さん、お風呂の後にゆかたをお召しになります。

⓬ お休みになる

❶ 先生は今、お休みになっています。

❷ いつもエアコンをつけて、お休みになりますか。

❸ 先生はそろそろお休みになるそうです。

❹ お母様はもうお休みになっていますか。

⓭ おかけになる

❶ こちらにおかけ（になって）ください。

❷ そちらにおかけ（になって）ください。

❸ よろしかったら、おかけになりませんか。

❹ あちらにおかけになっている人が森様です。

⓮ ご存じだ

❶ 田中さんは何かご存じですか。

❷ 先生はそのことをもうご存じです。

❸ よう子先生は会場がどこかご存じですか。

❹ 社長はこのことを何もご存じありません。

⓯ くださる

❶ 先生がメールをくださいました。

❷ 先生は何をくださったんですか。

❸ こちらは先生がくださった本です。

❹ 私にも一つくださいませんか。

⓰ お亡くなりになる

❶ 田中さんのお父さんがお亡くなりになりました。

❷ 会長さんがお亡くなりになったそうです。

❸ いつ、お亡くなりになりましたか。

❹ 先生がお亡くなりになって、もう１年になります。

⓱ なさる

❶ 先生は旅行の話をなさいました。

❷ 先生は何もなさらなくて、結構です。

❸ お仕事は何をなさっていますか。

❹ 色はどちらになさいますか。

⓲ される

❶ 大谷先生にはあいさつをされましたか。

❷ 昨日はどのような話をされましたか。

❸ いつから研究をされていますか。

❹ 子供たちに指導をされた経験がありますか。

§2 尊敬語　(2) 一般的な形

1 お〜になる

① 何をお飲みになりますか。
② こちらの書類はお読みになりましたか。
③ 先生は駅にお着きになったようです。
④ いつ、そのことをお知りになりましたか。

2 〜れる・〜られる

① 長年、研究されています。
② 何を話されたんですか。
③ それを聞いて、どう思われましたか。
④ 先生は、もう食事はされたようです。

3 〜なさる

① どうぞ、遠慮なさらないでください。
② 先生はご結婚なさっていると思います。
③ ご予約をキャンセルなさいますか。
④ 少し緊張なさっていますか。

§3 謙譲語・丁重語 (1) 特定のことば

1 伺う①

① 午後、そちらに伺います。
② これから、研究室に伺います。
③ 午後３時ごろ、修理に伺います。
④ ご説明に伺いたいと思います。

2 伺う②

① ご連絡先を伺ってもよろしいでしょうか。

② ご意見を伺ってもよろしいでしょうか。
③ ご注文を伺ってもよろしいでしょうか。
④ どちらに伺ったらよろしいでしょうか。

3 参る①

① 明日、ご説明に参ります。
② 近いうちにごあいさつに参りたいと思います。
③ 私と田中でお手伝いに参ります。
④ 駅までお迎えに参ります。

4 参る②

① 授業の見学に参りました。
② 今日は一人で参りました。
③ 荷物を受け取りに参りました。
④ サンプルをお届けに参りました。

5 おる

① 午後は家におります。
② 今、駅のそばにおります。
③ 私はそこにはおりませんでした。
④ もうしばらくここにおります。

6 拝見する

① 書類はまだ、拝見していません。
② すみません。かばんの中を拝見します。
③ 写真を拝見したことがあります。
④ きっぷを拝見します。

7 いただく

① 明日から１週間お休みをいただきます。

❷ ご注文をいただき、ありがとうございます。

❸ 明日までにお返事をいただけないでしょうか。

❹ いい機会をいただけて、感謝しています。

8 頂戴する

❶ 少しお時間を頂戴したいと思います。

❷ 皆様からご意見を頂戴したいと思います。

❸ もう一度、機会を頂戴できればと思います。

❹ こちらにお電話を頂戴できればと思います。

9 賜る

❶ 貴重な機会を賜り、ありがとうございます。

❷ たくさんのご意見を賜り、ありがとうございます。

❸ 励ましのお言葉を賜り、ありがとうございます。

❹ ご理解を賜り、誠にありがとうございます。

10 差し上げる

❶ ご来店の皆様に商品サンプルを差し上げております。

❷ 1000円分のお買い物券を差し上げます。

❸ 今、ご入会の方に割引券を差し上げております。

❹ ご希望の方には詳しい資料を差し上げます。

11 申す

❶ では、簡単に申します。

❷ 私はまだ、わからないと申しただけです。

❸ そのようなことは申しません。

❹ 父はいつもそう申しています。

12 申し上げる

❶ 意見を申し上げました。

❷ ちょっと申し上げたいことがあります。

❸ ご協力をお願いしますと申し上げました。

❹ すみません。私からは申し上げられません。

13 存じる①

❶ 名前は存じておりました。

❷ それは存じません。

❸ その件については、すでに存じております。

❹ 詳細はよく存じません。

14 存じる②

❶ ごあいさつに伺いたいと存じます。

❷ 参加したいと存じます。

❸ 見ていただきたいと存じます。

❹ 努力していきたいと存じます。

15 存じ上げる②

❶ 青木先生はよく存じ上げております。

❷ どなたも存じ上げません。

❸ 前から存じ上げていました。

❹ この方についてはあまり存じ上げません。

16 いたす

❶ これからもっと努力いたします。

❷ 取り扱いには十分注意いたします。

❸ コピーは私がいたします。

❹ 皆様に以下のお願いをいたします。

17 させていただく

❶ 簡単にご報告をさせていただきます。

❷ 私からお電話をさせていただきます。

❸ 1週間以内にお返事をさせていただきます。

❹ しっかりと準備をさせていただきます。

18 承る

❶ キャンセルはこちらで承ります。

❷ お申し込みはメールでも承ります。

❸ ご伝言を承ります。

❹ ご依頼の件を承りました。

19 承知する

❶ そのことについては、承知しています。

❷ 容易でないことは承知しています。

❸ ご依頼の件を承知しました。

❹ ご指示いただいたことは承知しました。

§3 謙譲語・丁重語 (2) 一般的な形

1 お～する

❶ ここでお待ちします。

❷ 先生にかさをお借りしました。

❸ 書類は確かにお受け取りしました。

❹ ちょっとお尋ねしてもよろしいでしょうか。

2 ご～する

❶ 使い方をご説明します。

❷ メールでご回答します。

❸ 空港に着いたら、ご連絡します。

❹ ご家族の皆様もご招待します。

7 ～(さ)せていただく

❶ それでは始めさせていただきます。

❷ 先ほど、メールを送らせていただきました。

❸ ぜひ、やらせていただきたいと思います。

❹ ご依頼の件を検討させていただきます。

かんたん便利☆
敬語ノート

Simple and Handy Keigo Notes

敬語の動詞活用（一般的な語形）
Verb Conjugation of Keigo

※あまり広く使われない形は省略しています。

ます形 masu-form	て形 te-form	ない形 nai-form	た形 ta-form

尊敬語（先生が〜）

● お〜になる

ます形	て形	ない形	た形
お待ちになる	お待ちになります	お待ちになって	お待ちにならない	お待ちになった
お帰りになる	お帰りになります	お帰りになって	お帰りにならない	お帰りになった
お読みになる	お読みになります	お読みになって	お読みにならない	お読みになった
お出かけになる	お出かけになります	お出かけになって	お出かけにならない	お出かけになった

● 〜れる・〜られる

来られる	来られます	来られて	来られない	来られた
行かれる	行かれます	行かれて	行かれない	行かれた
参加される	参加されます	参加されて	参加されない	参加された
出られる	出られます	出られて	出られない	出られた

● 〜なさる

心配なさる	心配なさいます	心配なさって	心配なさらない	心配なさった
帰宅なさる	帰宅なさいます	帰宅なさって	帰宅なさらない	帰宅なさった
注文なさる	注文なさいます	注文なさって	注文なさらない	注文なさった

● 〜される

予約される	予約されます	予約されて	予約されない	予約された
遠慮される	遠慮されます	遠慮されて	遠慮されない	遠慮された
心配される	心配されます	心配されて	心配されない	心配された

● お〜くださる

お話しくださる	お話しくださいます	お話しくださって	お話しくださらない	お話しくださった
お聞きくださる	お聞きくださいます	お聞きくださって	お聞きくださらない	お聞きくださった

● ご〜くださる

ご紹介くださる	ご紹介くださいます	ご紹介くださって	ご紹介くださらない	ご紹介くださった
ご連絡くださる	ご連絡くださいます	ご連絡くださって	ご連絡くださらない	ご連絡くださった

● 〜ていらっしゃる

待っていらっしゃる	待っていらっしゃいます	待っていらっしゃって	待っていらっしゃらない	待っていらっしゃった
着ていらっしゃる	着ていらっしゃいます	着ていらっしゃって	着ていらっしゃらない	着ていらっしゃった

ます形 masu-form	て形 te-form	ない形 nai-form	た形 ta-form

謙譲語（私が〜）
けんじょうご　ご　　わたし

● お〜する

お持ちする	お持ちします	お持ちして	お持ちしない	お持ちした
お届けする	お届けします	お届けして	お届けしない	お届けした

● ご〜する

ご報告する	ご報告します	ご報告して	ご報告しない	ご報告した
ご用意する	ご用意します	ご用意して	ご用意しない	ご用意した

● お〜いただく

お知らせいただく	お知らせいただきます	お知らせいただいて	お知らせいただかない	お知らせいただいた
お待ちいただく	お待ちいただきます	お待ちいただいて	お待ちいただかない	お待ちいただいた

● ご〜いただく

ご紹介いただく	ご紹介いただきます	ご紹介いただいて	ご紹介いただかない	ご紹介いただいた
ご連絡いただく	ご連絡いただきます	ご連絡いただいて	ご連絡いただかない	ご連絡いただいた

● 〜ていただく

教えていただく	教えていただきます	教えていただいて	教えていただかない	教えていただいた
買っていただく	買っていただきます	買っていただいて	買っていただかない	買っていただいた

● 〜ておる

待っておる	待っております	―	―	―
聞いておる	聞いております	―	―	―

● 〜させていただく

勉強させていただく	勉強させていただきます	勉強させていただいて	―	勉強させていただいた
使わせていただく	使わせていただきます	使わせていただいて	―	使わせていただいた
続けさせていただく	続けさせていただきます	続けさせていただいて	―	続けさせていただいた

● 〜てまいる

行ってまいる	行ってまいりました	―	―	―
見てまいる	見てまいりました	―	―	―

かんたん便利☆敬語ノート　Simple and Handy Keigo Notes

Verb Conjugation of Keigo
(Common word forms)
*Expression forms that are not widely used are omitted.

	masu-form	te-form	nai-form	ta-form

Honorific Language (*sensē ga...*)

● *o~ni naru*

masu-form	te-form	nai-form	ta-form
o-machi ni naru	o-machi ni narimasu	o-machi ni natte	o-machi ni naranai	o-machi ni natta
o-kaeri ni naru	o-kaeri ni narimasu	o-kaeri ni natte	o-kaeri ni naranai	o-kaeri ni natta
o-yomi ni naru	o-yomi ni narimasu	o-yomi ni natte	o-yomi ni naranai	o-yomi ni natta
o-dekake ni naru	o-dekake ni narimasu	o-dekake ni natte	o-dekake ni naranai	o-dekake ni natta

● *~reru / ~rareru*

masu-form	te-form	nai-form	ta-form
korareru	koraremasu	korarete	korarenai	korareta
ikareru	ikaremasu	ikarete	ikarenai	ikareta
sanka-sareru	sanka-saremasu	sanka-sarete	sanka-sarenai	sanka-sareta
derareru	deraremasu	derarete	derarenai	derareta

● *~nasaru*

masu-form	te-form	nai-form	ta-form
shinpai-nasaru	shinpai-nasaimasu	shinpai-nasatte	shinpai-nasaranai	shinpai-nasatta
kitaku-nasaru	kitaku-nasaimasu	kitaku-nasatte	kitaku-nasaranai	kitaku-nasatta
chūmon-nasaru	chūmon-nasaimasu	chūmon-nasatte	chūmon-nasaranai	chūmon-nasatta

● *~sareru*

masu-form	te-form	nai-form	ta-form
yoyaku-sareru	yoyaku-saremasu	yoyaku-sarete	yoyaku-sarenai	yoyaku-sareta
enryo-sareru	enryo-saremasu	enryo-sarete	enryo-sarenai	enryo-sareta
shinpai-sareru	shinpai-saremasu	shinpai-sarete	shinpai-sarenai	shinpai-sareta

● *o~kudasaru*

masu-form	te-form	nai-form	ta-form
o-hanashi kudasaru	o-hanashi kudasaimasu	o-hanashi kudasatte	o-hanashi kudasaranai	o-hanashi kudasatta
o-kiki kudasaru	o-kiki kudasaimasu	o-kiki kudasatte	o-kiki kudasaranai	o-kiki kudasatta

● *go~kudasaru*

masu-form	te-form	nai-form	ta-form
go-shōkai-kudasaru	go-shōkai kudasaimasu	go-shōkai kudasatte	go-shōkai kudasaranai	go-shōkai kudasatta
go-renraku-kudasaru	go-renraku kudasaimasu	go-renraku kudasatte	go-renraku kudasaranai	go-renraku kudasatta

● *~te irassharu*

masu-form	te-form	nai-form	ta-form
matte irassharu	matte irasshaimasu	matte irasshatte	matte irassharanai	matte irasshatta
kite irassharu	kite irasshaimasu	kite irasshatte	kite irassharanai	kite irasshatta

	masu-form	te-form	nai-form	ta-form

Humble Language（watashi ga ...）

● o~suru

o-mochi-suru	o-mochi-shimasu	o-mochi-shite	o-mochi-shinai	o-mochi-shita
o-todoke-suru	o-todoke-shimasu	o-todoke-shite	o-todoke-shinai	o-todoke-shita

● go~suru

go-hōkoku-suru	go-hōkoku-shimasu	go-hōkoku-shite	go-hōkoku-shinai	go-hōkoku-shita
go-yōi-suru	go-yōi-shimasu	go-yōi-shite	go-yōi-shinai	go-yōi-shita

● o~itadaku

o-sirase-itadaku	o-shirase-itadakimasu	o-shirase-itadaite	o-shirase-itadakanai	o-shirase-itadaita
o-machi-itadaku	o-machi-itadakimasu	o-machi-itadaite	o-machi-itadakanai	o-machi-itadaita

● go~itadaku

go-shōkai-itadaku	go-shōkai itadakimasu	go-shōkai itadaite	go-shōkai itadakanai	go-shōkai itadaita
go-renraku-itadaku	go-renraku itadakimasu	go-renraku itadaite	go-renraku itadakanai	go-renraku itadaita

● ~te itadaku

oshiete-itadaku	oshiete itadakimasu	oshiete itadaite	oshiete itadakanai	oshiete itadaita
katte-iitadaku	katte itadakimasu	katte itadaite	katte itadakanai	katte itadaita

● ~te oru

matte oru	matte orimasu	–	–	–
kīte oru	kīte orimasu	–	–	–

● ~sasete itadaku

benkyō-sasete itadaku	benkyō-sasete itadakimasu	benkyō-sasete itadaite	–	benky-sasete itadaita
tsukawa-sete itadaku	tukawa-sete itadakimasu	tsukawa-sete itadaitee	–	tsukawa-sete itadaita
tsuzuke-sasete itadaku	tuzuke-sasete-itadakimasu	tuzuke-sasete itadaite	–	tsuzuke-sasete itadaita

● ~te mairu

itte mairu	itte mairimashita	–	–	–
mite mairu	mite mairimashita	–	–	–

よく使う丁寧表現 Frequently Used Polite Expressions
つか　　　ていねいひょうげん

今 いま	ただ今 いま		直ちに ただ	その日 ひ	当日 とうじつ		～くらい	～ほど
さっき	先ほど さき	すぐに	さっそく	今回 こんかい	この度 たび		家 いえ	お住まい すまい
後で あと	後ほど のち	前に まえ	以前に いぜん	ちょっと	少 々 しょうしょう		皆さん みな	皆様 みなさま
もうすぐ	間もなく ま	この間 あいだ	先日 せんじつ	少し すこ			私たち わたし	私 ども わたくし

敬語早見表（かな版）
けいごはやみひょう　　　　ばん

Keigo Quick Lookup (kana)

辞書形 じしょけい	尊敬語 そんけいご	謙譲語・丁重語 けんじょうご　ていちょうご	丁寧語・美化語 ていねいご　びかご
	尊敬語：相手の動作や状態を高めて表現することで、その人への敬意を表す。その人が会話の相手の場合もあれば、その人が話題になっている場合もある。	謙譲語：自分を低く扱うことで相手を高め、敬意を表す。 丁重語：自分を低く扱うことで丁重に表現するもの。高める相手はいないが、聞き手や読み手に敬意を表す。	丁寧語：丁寧な言葉づかいによって相手への敬意を表す。高める相手の有無に関係なく、幅広く使われる。「です」「ます」など。 美化語：上品な言葉づかいによって相手への敬意を表す。語頭に「お」または「ご」を付けて表現する。
来る come く	いらっしゃる おいでになる 見える み お越しになる こ	参る まい 伺う うかが	来ます き
行く・訪問する い　ほうもん go, visit	いらっしゃる おいでになる	うかがう 参る まい	行きます い
いる be, stay	いらっしゃる おいでになる	おる	います
する do	なさる される	いたす させていただく	します
食べる た eat, have	召し上がる め　あ お食べになる た	いただく 頂戴する ちょうだい	食べます た
飲む の drink, have	召し上がる め　あ お飲みになる の	いただく 頂戴する ちょうだい	飲みます の
言う say い	おっしゃる 言われる い	申す もう 申し上げる もう　あ [特に、対象者を意識して] とく　たいしょうしゃ　いしき	言います い
見る see み	ご覧になる らん	拝見する はいけん	見ます み
聞く hear, listen き	お聞きになる き	拝聴する はいちょう うかがう	聞きます き

読む read よ	お読みになる よ	拝読する はいどく	読みます よ
座る sit すわ	お掛けになる か お座りになる すわ	お座りする すわ 座らせていただく すわ	座ります すわ
知る し ・知っている し know	お知りになる し ご存じだ ぞん	存じる ぞん 存じ上げる ぞん あ [特に、人について] とく ひと 承知する しょうち	知っています し
わかる understand	おわかりになる ご理解いただく りかい	かしこまる 承知する しょうち	わかりました
思う think おも	お思いになる おも	存じる ぞん 拝察する はいさつ	思います おも
会う see あ	お会いになる あ 会われる あ	お目にかかる め	会います あ
待つ wait ま	お待ちになる ま	お待ちする ま	待ちます ま
帰る go home かえ	お帰りになる かえ 帰られる かえ	失礼する しつれい おいとまする	帰ります かえ
伝える つた	お伝えになる つた	申し伝える もう つた	伝えます つた
与える give あた	くださる お与えになる あた	差し上げる さ あ	あげます
受け取る う と receive	お受け取りになる う と	いただく 頂戴する ちょうだい 賜る たまわ 拝受する はいじゅ	受けとります う
買う buy か	お買いになる か お買い上げになる か あ お求めになる もと	買わせていただく か	買います か
使う use つか	お使いになる つか	使わせていただく つか	使います つか
利用する use りよう	ご利用になる りよう	利用させていただく りよう	利用します りよう

敬語早見表（ローマ字版）
けいごはやみひょう じばん

Keigo Quick Lookup (Romaji)

dictionary-form	Honorific Language (sonkeigo)	Humble Language (kenjogo, teichogo)	Polite Language (teineigo, bikago)
	Sonkeigo: Used to indicate one's respect toward someone by elevating their actions or position. Used both when speaking to such a person and when speaking about them.	*Kenjogo*: Used to indicate one's respect toward someone by lowering oneself and elevating them in the process. *Teichogo*: Used to express politeness by lowering oneself. Indicates respect for a listener or reader even though there is nobody being elevated.	*Teineigo*: Used to indicate respect toward someone through the use of polite words. Used broadly regardless of whether there is someone being elevated. Examples include 「です」 and 「ます」. *Bikago*: Used to indicate respect through graceful words. Expressed by placing 「お」 or 「ご」 at the beginning of words.
kuru come	*kimasu*	*irassharu* *o-ide ni naru* *mieru* *o-koshi ni naru*	*mairu* *ukagau*
iku, **hōmon-suru** go, visit	*ikimasu*	*irassharu* *o-ide ni naru*	*ukagau* *mairu*
iru be, stay	*imasu*	*irassharu* *o-ide ni naru*	*oru*
suru do	*shimasu*	*nasaru* *sareru*	*itasu* *sasete itadaku*
taberu eat, have	*tabemasu*	*meshiagaru* *o-tabe ni naru*	*itadaku* *chōdai-suru*
nomu drink, have	*nomimasu*	*meshiagaru* *o-nomi ni naru*	*itadaku* *chōdai-suru*
iu say	*īmasu*	*ossharu* *iwareru*	*mōsu* *mōshiageru*
miru see	*mimasu*	*go-ran ni naru*	*haiken-suru*

kiku hear, listen	*kikimasu*	*o-kiki ni naru*	*haichō-suru* *ukagau*
yomu read	*yomimasu*	*o-yomi ni naru*	*haidoku-suru*
suwaru sit	*suwarimasu*	*o-kake ni naru* *o-suwari ni naru*	*o-suwari suru* *suwarasete itadaku*
shiru, shitte iru know	*shitte imasu*	*o-shiri ni naru* *go-zonji da*	*zonjiru* *zonjiageru* *shōchi-suru*
wakaru understand	*wakarimashita*	*o-wakari ni naru* *go-rikai itadaku*	*kashikomaru* *shōchi-suru*
omou think	*omoimasu*	*o-omoi ni naru*	*zonjiru* *haisatsu-suru*
au see	*aimasu*	*o-ai ni naru* *awareru*	*o-me ni kakaru*
matsu wait	*machimasu*	*o-mochi ni naru*	*o-mochi-suru*
kaeru go home	*kaerimasu*	*o-kaeri ni naru* *kaerareru*	*shitsurē-suru* *o-itoma suru*
tsutaeru tell, convey	*tsutaemasu*	*o-tsutae ni naru*	*mōshi tsutaeru*
ataeru give	*agemasu*	*kudasaru* *o-atae ni naru*	*sashiageru*
uketoru receive	*uketorimasu*	*o-uketori ni naru*	*itadaku* *chōdai-suru* *tamawaru* *haiju-suru*
kau buy	*kaimasu*	*o-kai ni naru* *o-kaiage ni naru* *o-motome ni naru*	*kawasete itadaku*
tsukau use	*tsukaimasu*	*o-tsukai ni naru*	*tukawasete itadaku*
riyō-suru use, utilize	*riyō-shimasu*	*go-riyō ni naru*	*riyō-sasete itadaku*

かんたん便利☆敬語ノート Simple and Handy Keigo Notes

さくいん Index

※あいうえお順

● 著者 Author

清 ルミ Rumi Sei

常葉大学外国語学部教授。アメリカ国務省日本語研修所専任教官、ＮＨＫ教育テレビ日本語講座講師、EU-Japan Centre for Industrial Cooperation 日本言語文化研修責任者などを歴任。主な著書に『日本人がよく使う 日本語会話お決まり表現180』『気持ちが伝わる日本語会話 基本表現180』（以上、Jリサーチ出版）、『優しい日本語——英語にできない「おかげさま」のこころ』『ナイフとフォークで冷奴——外国人には理解できない日本人の流儀』（以上、太陽出版）などがある。

Professor at the Department of Foreign Languages, Tokoha University. Prior positions include full-time instructor for the United States Department of State Foreign Service Institute Japanese Language and Area Training Center, lecturer for NHK Educational TV Japanese Lectures, Japanese language and culture training manager for the EU-Japan Centre for Industrial Cooperation, and more. Major works include Nihonjin ga Yoku Tsukau Nihongo Kaiwa Okimarihyōgen 180, Kimochi ga tsutawaru Nihongo Kaiwa Kihonhyōgen 180 (both J-Research Press), Yasashī Nihongo — Ēgo ni dekinai "Okagesama" no Kokoro, Naifu to Fōku de Hiyayakko — Gaikokujin niwa Rikai dekinai Nihonjin no Ryūgi (both Taiyō Shuppan), and more.

レイアウト・DTP	オッコの木スタジオ
カバーデザイン	花本浩一
本文イラスト	太田 DOKO
翻訳	Alex Ko Ransom

ご意見・ご感想は下記の URL までお寄せください。
https://www.jresearch.co.jp/contact/

尊敬語から美化語まで

外国人のための 日本語敬語の使い方 基本表現 85

令和 3 年（2021 年）9 月 10 日　初版 第 1 刷発行
令和 5 年（2023 年）2 月 10 日　　　第 2 刷発行

著　者　清 ルミ

発行人　福田 富与

発行所　有限会社 J リサーチ出版
　　　　〒166-0002　東京都杉並区高円寺北 2-29-14-705

電　話　03(6808)8801（代）　FAX　03(5364)5310

編集部　03(6808)8806
　　　　https://www.jresearch.co.jp
　　　　twitter 公式アカウント　@ Jresearch_
　　　　https://twitter.com/Jresearch_

印刷所　株式会社 シナノ パブリッシング プレス

ISBN 978-4-86392-524-3